云间父母

家庭教育智慧故事

Yunjian Fumu Jiating Jiaoyu Zhihui Gushi

杨立东　主编

上海教育出版社
SHANGHAI EDUCATIONAL
PUBLISHING HOUSE

丛书编委会

总 主 编 姚　辉　　陈小华

副总主编 朱　永　　付炳建　董秀龙　陈　赣

总 编 委 李　凯　　王洪明　杨立东　张　贞
　　　　　宋美霞

本书编委会

主　　编 杨立东

副主编 王本运　张　贞

编　委 (以姓氏笔画为序)
　　　　朋玲艳　郑　巍　宋美霞　王银花
　　　　宗利娟

慧心兰智　育儿有序

　　家庭是孩子的第一课堂,父母是孩子的第一任老师。家庭教育在孩子成长过程中发挥着举足轻重的作用。2022年1月1日,《中华人民共和国家庭教育促进法》正式实施。该法明确了父母在家庭教育中的主体责任和家庭教育的五大要求、六大内容、九大方法等。通过立法,家庭教育从"家事"变成"国事"。这有助于家庭教育回归生活,回归科学,回归育人初心。

　　家庭教育不同于学校教育,它没有教材,没有严格周全的教学计划,没有固定的教学场地。大多数父母没有接受过专业学习与训练,生活中又时时处处皆教育,这必然给父母带来很大的挑战。这是挑战,亦是成长的契机。为了科学地实施家庭教育,真正发挥家庭教育的功能,提升自身的家庭教育能力,更好地陪伴孩子健康成长,增进家庭幸福与社会和谐,新时代父母需要进一步学习家庭教育知识,更新家庭教育理念,掌握科学育儿方法,修炼为人父母的胜任力。除了专家、教师的指导外,父母在与孩子日日陪伴或见招拆招的过程中,也积累了很多宝贵的值得学习的智慧经验。

　　为深入贯彻落实习近平总书记对广大未成年人的殷切希望和要求,特别是关于注重家庭、家教、家风建设的重要指示精神,2021年3月,上海市松江区精神文明建设委员会办公室、上海市松江区教育局和上海市妇女联合会联合开展"智慧育儿故事"征集活动。该活动得到松江区各学校以及万千家长的大力支持与回应,收到了一大批优秀的育儿故事。百余篇"智慧育儿故事"经专家评审脱颖而出,极富代表性、参考性和智慧性。

　　为更好地辐射百位家长育儿的智慧经验,更好地赋能家庭教育,项目组组织获奖学校的家庭教育负责人指导家长补充、完善家庭育儿故事，最终在上海教育出版社的大力支持下将百篇育儿故事汇编出版。在此，特向上海教育出版社以及所有参与的学校、教师和家长表示衷心感谢。

根据故事内容，本书分为十个专题，分别是读懂孩子、共同成长、爱的陪伴、习惯养成、科学育儿、家有二宝、沟通密码、规则与爱、品格塑造、心理支持，涵盖了小学、初中和高中学段。需要说明的是，本书是家长育儿故事的呈现与汇编，真实场景的复现会存在些许先天的不足，比如以问题为导向的教育故事尚欠缺理论内容和系统设计，难以面面俱到，部分地方或有重复。但本书的真实、鲜活、贴近日常，也使之充满吸引力。一篇篇文字背后是一个个生动的家庭教育故事，容易引起读者的共鸣。读罢本书，无论读者是哪个学段的家长或教师，或许都能明白教育核心理念与方法的相通性，这些可操作、可借鉴的经验与做法或许也能给读者带来新的思考与启发。

在阅读本书的过程中，希望读者能够在他人的故事中做好自我觉察、反思与成长。学习他人的优秀做法又不完全照搬，做到眼中有孩子，心中有方法，因材施教，相机而教。最后，也希望读者在欣赏他人时，能够欣赏和赞美自己，自我关怀，为己赋能。德国著名哲学家雅斯贝尔斯说："教育就是一棵树摇动另一棵树，一朵云推动另一朵云，一个灵魂唤醒另一个灵魂。"在学习科学育儿知识的同时，请记得我们自身也是很好的教育资源！

上海市松江区人民政府副区长

目　　录

专题三 爱的陪伴 / 45

专题十 **心理支持** / 199

专题一
读懂孩子

顺应孩子的学习特点，帮助孩子快乐成长

每个孩子的个性发展、学习特点都存在很大的差异。家长应该根据自己孩子的特点去教育孩子。

但事实上，我常常听周围的妈妈抱怨自己在辅导孩子做家庭作业时，角色由"亲妈"变成了"后妈"。确实，当我的孩子诚诚上小学一年级的时候，我也真真切切地做了一阵子的"后妈"。还记得那会儿诚诚的爸爸外出工作，我除了完成自己的工作之外，几乎每天早上都要送孩子上学，偶尔还要烧晚饭。劳累了一天之后，我还要盯着孩子完成回家作业。

有一天，诚诚的回家作业是熟读并背诵一篇英语课文。这是一首儿歌式的课文，我坐在诚诚旁边，听着他认真地读了一遍又一遍。

我对诚诚说："诚诚，你觉得自己能记得住课文的内容吗？我们试着背一背吧！"于是，诚诚尝试背诵课文。可是，他只背出一句就想不起来了。

好吧！看来他还没有熟记课文内容。我对诚诚说："那你再多读几遍吧。"诚诚低着头，拿着课本继续读着。

十几分钟后，我忙完了手头的事情，就把诚诚叫到身边来。我说："诚诚，你再背给妈妈听听。背得出的话，妈妈帮你录音，把作业完成。"诚诚说："好吧。"

但是，诚诚只能熟练地背出第一句，从第二句开始便支支吾吾。此时的我不由得一阵冒火，对着诚诚大声吼道："你刚刚读了那么久，却只背得出一两句话，你都在做些什么、想些什么！"

"呜呜呜……"诚诚伤心得哭了起来。

"去，到房间里继续读，继续背，背不出来，你今晚就不要睡了！"我大声对他吼着。

这时的诚诚虽然眼睛看着课本，但已然没有了读书的心情，有的只是紧张、害怕。看着诚诚的模样，我更加生气。我大声指责他："为什么不读了，你不想睡了吗？"

诚诚趁我不注意，跑到奶奶的房间去寻求安慰、保护。我不由得更加气恼，来到奶奶的房间，只见诚诚哆嗦着身体，紧紧地抱着奶奶，哭喊着："奶奶，奶奶，我不

要去……"奶奶心疼地抱着诚诚,嘴里抱怨着我对孩子太严厉了。

我心里想着"可不能让孩子觉得奶奶就是自己的保护伞",没有听从奶奶的劝诫。

于是,诚诚在哭泣中,被我这个严厉的妈妈盯着朗读,盯着背诵。等到孩子入睡的时候,已是很晚很晚。

当晚,我难以入睡,在心里想了很多:"孩子才刚进入小学,这样的学习状态不利于他未来的学习。诚诚本身就胆小,如果我再用严厉的教育方法对待他,只会让他在学习方面更为胆怯。"于是,我尝试采用以下方法教育孩子。

一是学会放手。有的孩子做作业时可能需要家长陪伴,但对于本身就胆小的孩子,家长可以试着让他自己去完成作业。因为家长在旁边盯着,可能会让孩子产生紧张的情绪。等到孩子的作业完成得差不多的时候,家长可以检查一下孩子的作业情况,同时适当进行纠错,引导孩子认真改正错题。这样,家长不仅给了孩子独立思考的空间,也提高了做事的效率。

二是以鼓励为主。每个孩子都希望得到他人的肯定和表扬,个性胆怯的孩子更需要他人的认可。他们本身就容易缺乏勇气,往往在做事之前就会有消极的自我暗示。如果家长给他们一些鼓励,增强他们的信心,或许他们会把事情做好。粗暴不仅解决不了问题,还会拉开家长与孩子的距离。一句简单的夸赞会让孩子更有动力。所以,我会多给诚诚一些夸赞。

三是培养孩子的特长。胆小的孩子精力往往相对集中,观察事物更加仔细认真,感情也更为细腻。我利用孩子性格中这一积极的方面,鼓励他根据自己的喜好学习一技之长,如书法。一有时间,诚诚便会主动提出要练练软笔书法。当孩子考级通过时,那份自信是不言而喻的。也许,诚诚慢慢会克服胆小的心理。

现在的诚诚,虽然个性方面还不够大胆、主动,但在完成作业方面是积极主动的;和小伙伴交往时互动性更强了;每天的心情是愉悦的。而作为妈妈的我,心情也是愉悦的。尊重孩子,帮助孩子找到适合自己的学习方法,让孩子在快乐中不断成长。我想,这就够了!

(松江区岳阳小学　孙智诚家长杨丹英)

以良好的家庭教育助力孩子健康成长

家庭教育是永恒的社会话题,越来越引起广泛的关注。家是孩子人生中的第一站,家长则是孩子的第一任老师。培养好一个孩子,需要正确的教育方法,良好的教育方法就像一把精美的刻刀,能够雕刻出精美的作品;错误的教育方法就像一柄坏锄头,可能会把美玉变成顽石。在日常生活中,家长要在每一件小事上引导孩子,与时俱进,让孩子这块美玉更加剔透。

1. 创设温馨环境,助力孩子健康成长

古人云:"近朱者赤,近墨者黑。"这足以说明环境对于一个人有重要的影响。从古至今,大到社会环境,小到家庭环境,都会对孩子成长产生重要影响。有人认为,孩子变好或变坏与他们受的教育有关,有句话叫"先入为主",所以说,家长是孩子的第一任老师,不能把一切推给学校。的确,从孩子来到这个美丽世界的那一刻起,就决定了家长是他一生中最不可替代的教育者,是他成长的引路人。孩子如同一张白纸,家长要用心描绘这张白纸。

一是不做专权型家长。家长要适当留给孩子一片蓝天,要学会聆听孩子的心声,多与孩子交流和沟通,努力做孩子的朋友。孩子感受到家人带给他的快乐和温暖,脸上才会绽放出灿烂的微笑。家长要尽量少用"不准""不能""不可以"等词语,凡事要多讲道理,给予孩子适当的引导。

二是不做粗暴型家长。温馨幸福的家庭给予孩子的是欢声笑语。如果家里充满了"火药味",孩子内心一定是忐忑不安的,这不利于孩子的身心发展。如果孩子在家长的暴力下长大,那么在他的人生道路上,他也有可能会用暴力来解决问题。

2. 言传身教,培养孩子的阅读兴趣

家长一定要以身作则,给孩子创造良好的学习环境。孩子的模仿力是不容小觑的。如果你是学习型的家长,你的孩子也会懂得学习的重要性;如果你的家里麻将声不断,孩子也可能会无心学习,"耳濡目染"说的就是这个道理。有的家长自己在玩电脑游戏,却让孩子去学习,孩子必定心不甘、情不愿。

当下,很多家长很重视孩子的启蒙教育。智力启蒙的一个重要手段就是阅

读。阅读，如同种子，撒在地里，有的得到了合适的水分和充足的阳光，就会生机勃勃；有的既得不到水分又晒不到太阳，很快就会毁灭。阅读就是智慧的水分和阳光，所以，无论从哪个角度讲，阅读都是重要的。想让一个孩子变得更聪明，是多么简单啊。那就让他去大量阅读，去享受阅读吧！

现在，我家女儿还保持着爱读书的习惯，如果遇到她喜欢的内容，她还会读给我听。有时候，她遇到不会的字会来问我，我告诉她，其实只要不影响阅读，有些字不认识也不要紧。这样，就不会影响阅读速度了。

3. 寓教于乐，潜移默化影响孩子

玩是孩子的天性，恰当地玩会让孩子有很大的收获。例如，我陪孩子玩识字游戏时碰到"狐"和"孤"两个形近字，我觉得孩子肯定搞不清楚，正准备组词教她，没想到，她居然能读对。我想了解她是如何分清这两个形近字的，便让她讲给我听。"'狐'可以组词狐狸，狐狸有毛，所以是反犬旁；'孤'可以组词孤单，孩子很孤单，所以旁边是子。"她对着我说，"这位同学，你记住了吗？请你站起来，说给老师听一听吧。"我只好配合她，给她当学生，讲给她听。就这样，在游戏中，她学会了很多，也体验到了当老师的快乐！她还会用类似的方法来记忆其他形近字。例如，"偷"可以组词小偷，指人，所以是单人旁；"愉"可以组词愉快，指心情，所以是竖心旁。看来，不经意间的交流，也会让孩子有所收获。真的不能小看孩子，他们会带给你很多的惊喜，会给你的生活增添许多色彩！

有人说："孩子生来都是天才，在他们求知的岁月中，往往是错误的教育方法扼杀了他们的天才。"家长作为孩子的第一任老师，一定要用最好的方法去激发孩子的潜能。愿所有的孩子都能享受到良好的教育，愿所有的家长都能在教育子女的过程中感受到幸福！

（上海外国语大学松江外国语学校　杨雨竹家长周玉茜）

为有源头活水来

半亩方塘一鉴开，天光云影共徘徊。

问渠那得清如许？为有源头活水来。

朱熹的《观书有感·其一》告诉我们，要想让渠水清澈，就要有好的源头活水。这正如我们引导孩子学习，首先要从源头上让孩子养成好的学习习惯、做事风格和思想品德；其次要有活水，不断补充新鲜血液，这样才能使孩子在巩固学业的基础上扩大知识面。因此，好的家庭教育要从源头和活水两方面入手。

不积跬步，无以至千里，家长要从源头上让孩子养成好的学习习惯、做事风格和思想品德。以引导孩子读《中华上下五千年》为例，六卷共 1600 多页，要读完可以说是一个浩大的工程。在读之前，家长需要做些铺垫。于是，我先和孩子一起看了《东周列国》《三十六计》《玄奘之路》等纪录片，让他对相关历史及人物有初步的认知，让他产生兴趣。之后，我给孩子讲了读完《中华上下五千年》的种种好处：(1)可以更系统、详细地了解历史；(2)写作文时更有素材；(3)和朋友交流时更有话题；(4)文史不分家，可以提高文学修养；(5)历史是一面镜子，有许多值得学习和引以为戒的地方。最后，我和孩子一起确定了目标，比如工作日每天读 30 页左右，节假日可以每天读 50 页左右。孩子有了可实际操作的目标，不到一年就读完了，收获满满。家长想让孩子每天读 30 页左右的书，这个目标听上去很容易，也许孩子可以坚持一天、一个星期，但如果让其坚持一个月，甚至一年则很难，主要原因是在漫长的日子里孩子容易疲劳。所以，除了确定目标，家长还要让孩子在读书中发现乐趣。这就需要家长对孩子所读的书有一定的了解，甚至家长自己要非常熟悉书中的内容。家长在一开始就和孩子描绘书中大概包含的内容，以及读完之后会达到的预期效果，孩子就有动力去读。每隔一段时间，家长还要和孩子探讨读书的收获，了解孩子的读书效果和心态，给予充分鼓励和肯定。如此长年累月，孩子就养成了习惯，而这个习惯就是最根本的源头。

古人云"行百里者半九十"，孩子一门学科考到 90 分需要用一半的力，获得剩下的 10 分需要用另一半的力，甚至更多。所以，为了获取活水，孩子不仅需要精通课本上的知识，还需要全方位把握知识结构，进行系统、有规划的学习，毕竟一个人的时间是有限的,需要把时间用在刀刃上。这就需要家长培养孩子的系统性思维,尽可能地让孩子知道学科知识的全貌。这就需要家长有针对性地进行取舍,既不用自己的思维限制孩子,也不放任自流。以选择书籍为例,现在,各种信息层出不穷,有时候"多则惑"。家长可以引导孩子选择合适的纸质书。纸质书可以提升孩子的专注力。孩子系统地学习纸质书,并付诸于实践,往往能事半功倍。

其实,教育孩子的本质是家长和孩子共同成长,双方在平等交流的基础上共同提高。言传不如身教,家长的一举一动、一言一行,孩子都在观察,甚至在学习,所以,家长自己要有好的习惯。此外,培养孩子不是一日之功,家长不能有"毕其功于一役"的心态,不能有患得患失的心态,也不能有怕孩子慢、跟不上节奏的心态,而要有"辨材须待七年期"的心态。家长要知道,培养孩子可能短期内是看不到结果的,孩子的学习效果也不是一两次考试就能衡量的。家长自己应该先思考并付诸行动,所谓"正己才能正人"。从本质上讲,培养孩子就是培养家长自己,换句话说,与其说是家长培养孩子,不如说是家长培养自己,家长自己把自己培养好了,孩子就培养好了。

所以,家长培养孩子要从源头和活水两方面入手。所谓"大道至简",源头理顺了,就像是万事万物之基奠定好了,家长以其身正其子,这样更能事半功倍、受益终身;而活水就是在源头的基础上不断更新自己的知识体系,开阔自己的视野。如此,教育孩子便成功有望。

(松江区泗泾第二小学　郭景淳家长郭振)

让孩子真正爱上阅读

我们都深知阅读对孩子的益处,但让孩子真正爱上阅读却不是一件容易的事。一年级刚开学,我便陆陆续续从网上给孩子买了很多的书籍,让她每天晚上完成作业后利用一定的时间来阅读。开始几天,孩子还能坐在书桌前翻看,没过多久,我就发现孩子读书的时候总是左顾右盼、心不在焉的样子,我知道她是在那里做样子,便开始思考如何让孩子真正把书读进去,爱上阅读。我进行了以下尝试。

1. 陪伴阅读

在孩子阅读的时候,我会拿一本书静静地坐在她旁边看,读到自己觉得精彩的地方就和孩子分享。起先,孩子不太愿意理我,我便把书中的故事尽量用有趣的动作和生动的语言表达出来,有时还很夸张,即便如此,她对我还是爱搭不理的,任由我在那里表演。我没有气馁,她越不理我,我就表演得越夸张。一天,她突然把我的书抢了过去,然后,指着书上的内容笑我表演得不对,然后,自己开始表演,我们两个人笑得前仰后合。从那时起,她慢慢喜欢上了阅读。渐渐地,我发现她每天晚上完成作业后,都会主动拿出书来读一会儿,她还特别愿意和我一起分享自己从书里看到的故事。在她分享阅读带来的喜悦的同时,也增进了我们之间的感情。陪伴几个月后,我知道她读书的习惯已经渐渐养成,需要进入到独立、安静的阅读阶段,便渐渐缩短了陪伴她阅读的时间,直到最后不再陪伴。

2. 去书城看书

我觉得读书的氛围很重要,孩子需要熏陶一下。周末,我带她去书城,让她看看各式各样的书籍。从孩子的眼神中可以看出来,她很兴奋。"你看,旁边都是在认真看书的小朋友,你也挑一本自己喜欢的书坐下来看吧!"我轻声地在她耳边说。她到书架上反复翻找几次后,终于拿起一本书静静地看了起来。我也拿了一本书,默默地坐在她旁边仔细观察她。我发现她整个人神情专注,完全置身于书的世界,看着眼前的一幕,我欣慰地笑了。她就这样一下午都坐在书城里,聚精会神地看着书。"时间不早了,我们该回家了,下次妈妈再带你过来。"我催促了几遍后,孩子才依依不舍地离开书城。从那以后,书城便成了我们周末常去的地方,她也真正学会了享受阅读的乐趣。

3. 从图书馆借书

我记得《黄生借书说》里有一句话"书非借不能读也"，人们对借来的书往往会更加珍惜。于是，我尝试带孩子从图书馆借书来阅读。我把目标锁定在了上海少年儿童图书馆，每次借书的同时，还可以带孩子在周边逛逛。上海少年儿童图书馆虽然不大，藏书量却不小，每次借十本书可以阅读两个月的时间。我和孩子商量好策略，她可以借两本自己喜欢的书，剩下的书由我来选择，她可以给出建议。我选择书籍时也是有讲究的，作文书、文学书、自然科学书、科技书等都涵盖在其中，尽可能让书籍既贴近孩子的内心，又能从各个方面丰富孩子的知识和语言积累。每次借来的书，孩子都非常珍惜，认真阅读。我们的图书馆借书之旅就这样拉开序幕，后来，我们又来到了长宁区少年儿童图书馆。借书之旅贯穿小学五年，不仅对孩子阅读能力和语文素养的提升发挥了很大的作用，还让孩子明白了坚持的重要性。

现在上七年级的她，语言表达能力很不错，她曾在上海市中学生作文竞赛中获得松江区一等奖、上海市二等奖，这与大量的阅读是分不开的。

读万卷书，行万里路，识万人友，思万载生。读书带给孩子的好处，不只是增长知识。读书既能充实孩子的生活，让孩子在书中发现美、感受美，又能开阔孩子的眼界，让孩子领略万千风姿。让孩子爱上阅读，是我们每个家长能给予孩子的最宝贵的精神财富。

（松江区九亭中学　胡宝桐家长杜戈）

培养兴趣,助力语文学习

大多数孩子在语文学习中都会遇到一些困难,或是基础,或是阅读,或是写作,我们家也不例外。如何让孩子对语文学习保持持久的兴趣,并且愿意为之努力,是我一直在思考的问题。以下是我平常与孩子一起学习、探讨语文的一些心得。

1. 培养孩子的学习兴趣

俗话说,兴趣是最好的老师。比如说教汉字,一开始,我们拿着识字卡片一个字、一个字地教,生硬地让孩子自己记、默,这样很容易消耗掉他的兴趣,后来我们尝试去搜集一些关于汉字的故事,生动地讲给他听,他果然就有兴趣了,主动要学,注意力也集中了。如两点水来源于冰块上的细纹,所以含两点水的字通常与冰、冬天有关,包括寒冬、冷冻、凄凉、凛冽等;含四点底的字往往与火有关;含佳字旁的字往往与鸟有关;月字在古代的读音很像肉,所以,大多数与身体有关的部位都含月字旁……我们还会搜集一些典故、冷知识。如"推和敲明明都是手部动作,为什么组合在一起就变成了思考的意思""乾隆游西湖时为什么会题词'虫二'"。只要家长用心搜集,孩子学习语文的兴趣和热情是能够被调动起来的。

2. 注重家长的阅读

为了引导孩子认字,我们买了许多书给他,但是他始终对阅读没有持久的兴趣,很多书翻了几页就束之高阁。与其逼迫他,不如影响他、感染他。反省之后,在他做作业的时候,我就坐在旁边看书,开始并没有效果。接着,不管他是在做作业,还是在看电视、弹琴、玩玩具,我都坐在旁边看书。终于有一天,他做好作业玩了一会儿玩具,看到我在旁边看书,跑过来说"我想和你一起看书"。现在,阅读变成了他的一种习惯。虽然从短期来看,阅读并没有对他写作文有太大的帮助,但是,家长花上几个月时间来培养孩子阅读的爱好和习惯,还是值得的。

3. 注重孩子的阅读

关于孩子的阅读,我有两个发现。其一,在阅读前,家长如果先和孩子一起了解一下作者,对提高孩子的阅读兴趣很有帮助。作者的生平、作者写作的年代、作者长什么样子、作者还写过什么等都有可能成为孩子的兴趣切入点。有时候,他们会因为书而喜欢上作者;有时候,他们会因为作者而对他写的书或者诗词产生兴趣;有时候看过一本好看的书,他们便有兴趣拿起同一作者的第二本书。就好像,看过《八十天环游地球》,孩子对《海底两万里》也感兴趣了。其二,当孩子发现自己看过的内容能与他们从其他媒介(如电影、歌曲)里获取的知识串联起来时,他们会格外开心和满足,从而更有兴趣阅读。比如说,孩子看过《冯唐智救魏尚》后再教他《笠翁对韵》,让他体会"云中熊虎将,天上凤麟儿"表现的魏尚形象,再让他读一读《江城子·密州出猎》,让他体会"持节云中,何日遣冯唐"的含义,孩子就会印象深刻。有一天,孩子从学校回来后很兴奋地告诉我,语文课上学的《滕王阁序》里有一句"冯唐易老,李广难封"。那一刻,阅读的乐趣与美好,在他的心中迸发。这就是我一直努力想让他自己感受到的东西。

我们都知道,语文学习能力的提高并非朝夕之功。家长只有保持阅读的兴趣与习惯,不断积累与沉淀,才能在语文学习中助孩子一臂之力。

(上海外国语大学附属外国语学校松江云间小学东部分校 孙聆尔家长杨文静)

引导孩子学写作文

作文的重要性是不言而喻的,但培养孩子写作文的兴趣却不是一件容易的事,需要比较长的时间和一定的耐心。

我家孩子直到上二年级时,口头表达能力还很弱,嘴巴说的赶不上脑中想的,只能用只言片语来交流。在二年级刚接触周记时,我会在孩子动笔写之前引导他思考。我会问他最想写什么、为什么想写这件事。他有时会简简单单地说出几个词语,如好玩、有趣、开心。这时,我会请他说说觉得哪里好玩、有趣、开心,让他一边回忆一边叙述事情的经过。刚开始时,他想到哪里说哪里,东拼西凑,毫无顺序、条理、主次、逻辑可言。很多时候,他会因为找不到合适的词语来描述当时的情境或自己的情感而着急,有时干脆放弃表达。这时,我会帮他说出恰当的词语或组织语句表达他想说的话(当然,这要建立在我充分了解整件事情以及孩子想法的基础上)。有时,他会惊喜地说:"对对对,我就是想表达这个意思……"我趁热打铁,让他把刚才的话复述一遍。如此引导,就是想让他把情境、感受和语言整合起来记忆,加深印象,慢慢学会有内容、有情感地表述,而不是单纯说出一个词语、一个句子。

再说说作文的素材。孩子在写周记时,总觉得没什么可写的内容,不知如何动笔。所以,在与孩子共同经历一些事情时,大到旅行、参观,小到玩游戏、上兴趣班、看一本书或一篇文章,甚至谈论一个比较特别的话题时,我都会有意识地提醒孩子"如果用这项内容来写周记,你打算怎么写",同时引导孩子去观察周边一些有代表性的景象,如天气、人物、事物,还要让孩子说说他的想法和感受。这样能帮助孩子记忆整件事情,也可以潜移默化地让孩子慢慢养成观察、留意身边事物的习惯。当他写作文时,他就不会觉得没什么印象,没什么可写的,而且在表述上,如果孩子存在词不达意、缺乏条理等问题,我也可以有的放矢地加以纠正和引导。

有时,我还会把生活中一些平凡、简单的事复杂化,目的就是帮孩子多创造一些作文素材。比如,孩子非常喜欢打爵士鼓,我们给他买了一套,买来时是不成形的,装了满满九大箱。如果我们帮他安装的话,既快又省事,但我们决定,等他放学做完作业后,让他和爸爸一起安装。安装的过程中,我会时不时地问他"你现在拿的是什么零件、什么工具""你进行到哪一步了""你有怎样的感受"。我想启发他思考"该怎么描述当下的这个动作、情境、步骤和自身的感受"。就这样,父子俩用了两个晚上的时间才安装好,而且安装到了很晚。对我们来说,的确要忍受家里堆放得横七竖八,包装泡沫屑到处乱飞的凌乱不堪,可是对孩子来说,他亲身体验了从零件到成品的整个安装过程,那份喜悦感和成就感是无以名状的!

有了这样真切的体验和感受,孩子才会记忆深刻,才会在他的文章中有真情流露。

(上海外国语大学附属外国语学校松江云间小学东部分校 杨沛达家长乐静)

坚持就有希望

我是一对双胞胎孩子的妈妈。我们是一个极其普通的家庭,两个孩子的到来,给我们这个家庭带来了无限的快乐,孩子的奶奶更是把他们视为掌上明珠。平时,我们有说有笑、有打有闹,家庭氛围和谐。两个孩子从出生起就和我们住在一起,从未分开过,所以,我们的日常生活与学习习惯对孩子影响很大。在孩子的生活与教育方面,我们有喜有忧。尤其在培养孩子独立学习能力方面,我们走过了一段漫长的路程。在这里,我想与大家分享一下自己的心得体会。

1. 学习写名字,学习制订计划

记得刚读小学一年级时,两个孩子对学习没有太大的兴趣,也没有时间观念,还像幼儿园时期那样,每天都是无忧无虑的。放学后,两个孩子书包一丢就跑出去玩,老师布置的回家练习作业早就被他们置之脑后。他们在幼儿园的三年时间里,我们没有要求他们练习写字,导致他们上小学一年级了连自己的名字也不会写。这可把我们急坏了,我和孩子爸爸花了半个多月的时间陪同孩子练习,擦了写、写了擦,反反复复不知道练习了多少遍,最终,他们勉强能把自己的名字写出来了,虽然写得不是很理想,字体七歪八扭的,但他们总算能在回家作业上书写自己的名字了。我们的要求也不高,只要他们每天进步一点点就可以了。

每个家长都望子成龙,望女成凤。因为我们夫妻俩没有文化底蕴,在孩子求学之初,没有做好充分的准备工作,也不能更好地给予孩子学习上的指导,只能从最基本的做起,给孩子营造良好的学习氛围与环境。在家长学校学习后,我们协商一致,决定先改掉自身的一些不良习惯。我把爱玩手机的坏毛病改掉,在孩子学习时尽量不拿出手机,孩子爸爸戒掉了打麻将的坏习惯。同时,我们给孩子制订了初步的学习计划与目标,引导孩子慢慢喜欢上学习,热爱学习。我们规定好孩子的作息时间,要求他们每天早上七点之前必须起床、洗漱、吃好早餐,然后去学校,晚上八点半之前必须洗漱好,上床睡觉,确保每天的睡眠充足,为第二天的学习打好基础。

2. 分工明确,养成良好的学习习惯

孩子每天都要完成老师布置的回家作业,学习态度一定要端正。我负责语文与英语辅导,复习作业主要是完成老师布置的生字、词语、课文背诵任务;预习作业主要是预习新的一课,提前认识生字、词语、英语单词等。数学由孩子爸爸负责辅导。孩子遇到不懂的题目,爸爸总是能认真、详细地给他们讲解,直到他们理解为止。

记得有几次,我把几个单词和词语教了很多遍,他们还是不会,我很严厉地训斥了他们,他们虽然觉得很委屈,但还是坚持到学会为止。学习生涯没有轻松的事,凡事都需要历练与磨合。我当时对他们的学习要求非常严格,只要作业有错误或不规范之处,除了老师要求重抄三遍外,我还会再加三遍,就是想让孩子多多练习,把基础打扎实。

3. 先扶后放,培养自主学习能力

为了培养孩子的自主学习能力,小学前三年,我们每天全身心地陪伴孩子,与孩子共同学习成长。每天下班回家后,我们以孩子学习为中心,按照计划完成各项任务。从孩子上四年级开始,我们逐步放手,让孩子自主管理学习内容。令人欣慰的是,孩子经过多年的历练与熏陶,已经习惯了这种学习氛围,在没有家长监督的情况下也能主动完成回家作业。他们一直保持着这种好习惯。

4. 学玩结合,帮助孩子全面发展

学习是孩子成长的重要途径,完成作业是孩子必经的学习之旅,但完成学业并不是孩子生活的全部。与家人沟通,学会做家务,学会锻炼,学会玩也是孩子成长的重要内容。我们从无意识到有意识逐步形成了亲子分享时光、锻炼时光、娱乐时光、阅读时光、家务时光、规划家庭旅游时光。我们有意识地让孩子与家人分享校园中的一些趣事,分享在学校学到的新知识。我们鼓励孩子在完成学习任务后做些自己喜欢的事。我们引导孩子整理房间,帮助孩子养成热爱劳动的好习惯。我们平时对于孩子好的行为给予表扬,不好的行为给予批评指正。我们一直教导孩子在学校里要向品学兼优的同学学习,主动帮助学习能力薄弱的同学,带动他们共同进步。

有人说,陪伴是最长情的告白。在两个孩子成长的道路上,我们也没有经验,就是坚持着,摸索着,努力学习,积极改进。我们希望用自己的力量帮助孩子更好地成长。

(松江区新浜学校　沈傲雪、沈傲冰家长汪华)

与孩子一起改进

我家孩子上六年级，成绩在班级中属于中等偏上。之前在小学阶段，他每天的回家作业基本上用一个多小时就能全部轻松完成。自从上六年级开始，回家作业量增加了，难度也明显上升。他每天完成作业的时间越来越晚，就连以往能快速完成的数学也遇上了"拦路虎"。另外还有一个难题就是语文的写作，因为内心惧怕，他总是一拖再拖，到最后实在逼得没办法了再写，质量极低。

数学的"拦路虎"主要是每天回家作业中的那几道难题。孩子经常需要想很久才能想出来，有时根本想不出来该怎么做，加上还有很多作业没写完，孩子就会变得急躁，慢慢地，对待不会做的题目就胡乱写一通。不光是数学，所有的作业仅从字迹上就能反映出他不过是应付了事。

仔细分析后，我们认为，孩子完成作业的心态问题主要表现为两点：一是看到爸爸妈妈每天下班后就没事了，而他放学后还有那么多的作业要做，心理不平衡，于是就想随便做完了事；二是对难题找不到方法，从而失去了耐心和信心，觉得学习无趣。我们想改变这种状态，让孩子重拾信心。

我和孩子妈妈进行了分工，孩子每天的作业必须检查，我主要检查数学，孩子妈妈检查语文和英语。作业做得对错为次，主要是检查孩子完成作业的态度。发现错误后，我们会站在孩子的角度去想他为什么会做错，跟他一起分析原因并改正。另外，我们严格要求自己，做到在孩子做作业时自己不看手机和电视。孩子做作业时，孩子妈妈做家务，我每天至少与孩子一起学习一个小时以上，努力参加考试办理积分。孩子定他的学习目标，我定我的自考目标，全家人为了美好的未来一起努力。

最根本的当然还是要让孩子掌握学习方法。对于不会做的题目，我会引导他，鼓励他自己完成，增加他的信心。记得有一道典型的题目是"草地上有一个等边三角形的建筑物，一头牛被拴在这个建筑物的一角上。已知这个建筑物的边长是 3 米，拴牛的绳子长 6 米，求这头牛能吃草的面积是多少平方米"（题目大意如此，具体表述与原题可能会有差异），我检查试卷后发现孩子根本就是乱做的。这时，我对孩子说，这道题目确实有一点儿难，估计你们班级中没有几个人能做得出来。你做对了其中一步，我教给你一个简单的方法，保证你能做对。我准备好废纸板和毛线绳，等孩子完成所有作业后，带着他一起用废纸板折了一个三角建筑模型，在其中一个角的下部钻了一个孔，在毛线绳的一头打个结，用另一头穿过孔，在绳头绑上一个小螺帽。我手拿小螺帽模拟牛运动的范围，让孩子观察。我先模拟牛绕建筑物运动的范围（大扇形），让孩子求出大扇形的面积，再模拟牛碰到墙角后运动的范围（小扇形），让孩子求出两个小扇形的面积。做完题目，孩子微微一笑，说这道题目其实也不是很难。

后来有一次，我们遇到了一道与月牙定理有关的几何题目。题目中只给出了两条直角边的长度，未说明大半圆内是直角三角形，求两个月牙形的面积。孩子左思右想，一直觉得题目给的已知条件太少，无法计算。大半圆内的三角形看上去很像一个直角三角形，但他想了很久也没想出来，时间一分一秒流逝，孩子失去了耐心，最后就当它是直角三角形做完结束。这时，我叫住了他，让他看，我在这个三角形上连了一条线，将三角形的疑似直角点与对面大圆的圆心点相连，也就将这个三角形分成了两个小的等腰三角形。在我的提示下，孩子终于想明白了。我告诉他，这类题目，如果他只做对了答案，却不知道原因，实际上就是没有理解题意，因为解答此题的关键点就在于如何证明它是直角三角形。

第二天放学后，孩子迫不及待地跟我讲，昨天那道题全班只有两个人会做，老师提问他了，并让他到讲台上给同学讲解解题方法，大家都听懂了，他特别有成就感。

现在，他时不时就到我面前来炫耀一下，拿一道他攻克的数学难题来考验我。孩子找到了学习方法，对待学习更有信心了。让我们欣喜的是，孩子遇到问题愿意与我们沟通了，作业质量有了明显的提升。

随着孩子年级的不断上升，我们家长的知识储备可能会不足。这时，我们虽然无法再指导孩子的学习，但我们可以陪伴孩子一起端正态度，一起改进方法。引导孩子树立正确的价值观是我们作为家长应该要做的事。相信在我们家长的正确引导下，孩子一定会健康成长。

（松江区叶榭学校 黄弋明家长黄文传）

好学者不如乐学者

经常有家长问起，对于孩子的英语学习，我们家有没有什么诀窍。大家可能不会相信，我们家孩子刚上小学的时候，英语练习成绩只有"D"的水平。我们家孩子在入学前没有接受过系统的英语辅导，刚接触一门新的语言，上课听不懂，回家作业鬼画符，成绩可想而知。

当时，我们选择给予孩子支持与鼓励，同时针对孩子学习语言喜欢说不喜欢看的天性，和他进行一定的互动。我们当时经常会和孩子玩游戏：一方在心中想好一种动物的名称（比如熊猫），另一方提问"是什么颜色的""是大的还是小的""它喜欢的食物是什么"并猜猜对方心里想的是什么。在游戏的过程中，基本上就会涵盖小学阶段的一些知识点。方法不难，对于家长的英语要求也不高。

孩子有了一定的单词基础后，家长需要为他们选好入门的读物。我们选择的是"书虫"系列读物，按照孩子的英语水平引导他分级阅读。我们家孩子当时最喜欢的一本书是 Survive（《生存游戏》），可以为主人公做不同的选择，延伸出不同的结局。他还喜欢 The Ransom of Red Chief（《红酋长的赎金》），这本书根据欧·亨利的小说改编而来，妙趣横生，很适合亲子阅读。孩子能力有所提升后，我们更换了《剑桥双语读本》，故事内容从人文到侦探到悬疑，很能吸引孩子的注意力。我觉得启蒙的书不一定非得选择原版读物，很多双语读物也不错，关键是能吸引孩子读下去，同时不断地重复单词及句型，让孩子能熟悉相关内容。

孩子学习英语的过程中需要大量的听力输入，相较幼童需要动画片的画面刺激，我觉得可以为大一点的孩子选择音频资源。上述的双语读物就有很好的原声音频，基础薄弱一些的孩子可以从这里入手，结合书本阅读一起学习。建议喜欢的书可以多听几遍，不喜欢的也不必强求，要知道，点滴的输入都是积累。音频资源的范围可以逐步扩大，现在很多应用软件里都有音频资源，建议挑孩子喜欢的内容来听。孩子的听力之路，我只是在最初给了一定的扶持，选了 The Boxcar Children（《棚车少年》），后面基本就是让孩子自己把握选书的节奏了。

听的过程就是一个输入的过程，那么还需要一个输出的过程。孩子听到喜欢的句子可以跟着说，学表达、学语调、学语感。我鼓励孩子听完和我说一说听的内容。孩子从一开始的羞于开口、不会表达，中英文夹杂着一起说，到现在追着要和我说他听了哪些故事，惭愧的是，有时候我反而跟不上他的节奏了。

也有家长会问我，孩子有没有去上一些课外的英语辅导班。我们在上四年级的时候，去上过一段时间的基础口译课，不过我很快发现，里面的词汇和表达并不适合小孩子学习，比如孩子问我"inflation"这个单词的意思，即使我和他解释是"通货膨胀"，他也很难理解。这样，我们唯一一次校外英语学习没多久也就结束了。其实，我觉得紧紧跟随校内老师的步伐，就能让孩子养成良好的学习习惯，打下扎实的读写基础。我们在小学阶段积极参加每个学期的英语社团活动，包括英语配音、英语科普、英语剧团演出等。孩子还曾经代表学校参加了松江区的"乐学乐教"英语小品剧表演，虽然最后并没有获得名次，但孩子开阔了眼界，也锻炼了胆量，收获不小。进入初中后，通过学校推荐，孩子参加了全国中小学生英语演讲与辩论五项大赛。在朱爱琴老师的指导下，孩子从初赛演讲的选题、语言开始准备，一路过关斩将，获得了英语演讲松江区特等奖、上海市一等奖的荣誉。

每个孩子的英语学习之路都是不一样的。我们的英语学习起步并不早，但是后来孩子自己在英语方面投入了大量的时间，最着迷的时候，在吃饭时和睡前都要听英语。好学者不如乐学者，学习英语也是如此，只有真正培养了孩子对于英语的兴趣，不仅仅把它看成一门语言来学习，才可能让孩子走得更远，让英语成为他观察世界的另外一扇窗。

（上海市三新学校松江东部分校　郭涵菲家长黄春兰）

学绘画的那些日子

虽然自身就是老师，但其实，在为人父母之后，我们对教育孩子才有了更深刻的体会。认真回想了一下，有些做法确实很有意义，良好的家庭环境能够促进孩子成长，家长需要充分发掘家庭教育中的有利因素。

家长需要在学习实践中预判孩子的特长。在我们的宝贝女儿若琳的成长过程中，我们尝试着让她学习各种东西（如绘画、跳舞、阅读）。学习的目的不是"会"或者"精"，当然，如果能够"学而会""会而精"，那自然更好。我们的出发点是想了解女儿作为独立的个体，她的兴趣爱好是什么。我们通过各种尝试来寻找她的兴趣点并预判她的特长。经过学习实践，我们发现女儿很喜欢绘画、跳舞，对绘画有着极其浓厚的兴趣。

女儿一岁多的时候，我们参加了亲子早教课程学习，后来随着年龄的增长，由早教课程转为创意绘画课程。通过早教课程的启蒙，再加上孩子爸爸绘画爱好的影响，我们发现女儿十分喜爱绘画，此外，专业老师的培养也为女儿进一步学习绘画奠定了基础。

女儿渐渐长大，喜欢上了看电视，虽然也迷恋动画片，但她更喜欢寓教于乐的少儿节目。某一天，我们发现她在看到喜欢的绘画节目时会拿着遥控器按下"暂停"键，模仿着电视里的画面开始绘画。在绘画过程中，女儿的注意力特别集中。就这样，女儿在心中描绘了一幅又一幅美丽的画卷，她经常会向我们展示她设计的一幅幅得意的作品。

我们发现，通过学习绘画，女儿的观察力增强了，生活更加丰富多彩，也变得更加自信和有耐心。在绘画过程中，女儿的想象力也得到了培养，她经常会设计出一些很有创意的作品。经常绘画让她的身心得到了较好的发展。具体优点有以下几方面。

1. 增强了观察力

绘画的过程就是一种观察的过程，就是将生活中留在孩子脑海中的画面用她的思想丰满，然后画在纸上。孩子更能注意到生活中事物的细节。

2. 生活更加丰富多彩

现在,独生子女家庭比较多,很多孩子在家里缺乏玩伴,生活过于枯燥。绘画会让孩子学会处理没有同伴的生活,绘画是日常生活中很好地利用时间的一种活动。学会了绘画,孩子在生活中会少了很多孤单。在空闲的时候,孩子拿起画笔,集中精神创作,时间很容易就过去了。绘画不仅能填补孩子的时间空档,而且当完成一幅画作后,孩子还能从画中得到满足,很有成就感。

3. 变得更加自信

绘画属于艺术范畴,是一种文艺技能。孩子掌握了一技之长,只要有绘画的机会,就能发现自己的优势,会变得更加自信。绘画是一种技艺,孩子需要通过努力才能取得一定的成绩。

4. 变得更有耐心

大多数孩子的特点是好动贪玩,然而绘画却是一件很需要耐心的事情,因为有的地方可能会改很多次。如果想画一幅让自己满意的画,至少要静下心来画半个小时或一个小时以上,所以绘画会锻炼孩子的耐心,让他们更能沉下心来专注地做一件事情。

家庭是培养孩子的关键场所,家庭环境对孩子是否爱学习、是否成才,具有决定性的作用。家庭生活的点点滴滴,家长的一言一行,无不对孩子的学习和未来的人生产生潜移默化的影响。

家长在培养孩子的过程中应该注重孩子良好习惯的养成,正所谓习惯决定性格,性格决定命运,所以,习惯很重要!孩子在小学阶段,作为家长的我们不能过分注重成绩,而是应该注重良好习惯的养成。

习惯包括听课、活动、作业等方面的表现。就小学阶段的学习内容而言,有良好习惯的孩子,要想不突出也难,即使不是出类拔萃,至少也不会太差。所以,作为家长的我们需要关注的不是孩子在班级里的排名,而是孩子每天的任务是否记清楚了、孩子回家后能否主动及时完成作业、老师对孩子的反馈评价如何……

教育孩子是家长一生最重要的事业,孩子的每一步都不可忽视。优良的示范是最好的教育,作为家长的我们应该以身作则、言传身教,做孩子的榜样,陪伴孩子共同成长!

（松江区佘山学校　许若琳家长许冰、向丽萍）

陪伴孩子一起成长

在育儿路上，我们一直在学习，希望能找到适合教育自己家孩子的方法，但不知不觉中，我们的成长速度已经跟不上孩子的成长步伐。

孩子出生后，我们并没有给她规划人生轨迹。因为，孩子是多变的、可塑造的。我们希望孩子每走过一个阶段，都先归纳总结，再开启下一个阶段。

刚入学时，孩子并不知道每天去学校做什么，有时问起她，她会很高兴地回答我："妈妈，我去学校学本领!"有了这样一个开始，我感到很满足。一天天过去，她遇到了学习生涯的第一个坎——学习拼音。回家作业是照着试卷朗读，这可把她难倒了。她读不出来，急哭了，我只能先安慰她。等她情绪稳定了，我再一遍遍地慢慢教她。一个词，两个词……她全部能准确地朗读出来了。那天晚上，她学会了坚持不懈。

如果说小学阶段重在培养良好的学习习惯，那么，初中阶段重在懂得为什么要学习、如何学习。面对上海的中考改革，要想考取一个令人满意的高中，孩子在学习上不能有弱项。我们面对这么大的压力，孩子却不能理解。我们和孩子之间的冲突时有发生。怎么办? 冷静! 我们会召开家庭会议，先找到好的沟通方式，再寻找适当的时机与孩子沟通。"宝贝，你有时间吗? 妈妈想和你聊一聊学习的目的是什么、为什么有那么多不可以做的事情。""你现在的主要任务是学习，将来你会有很多时间去做自己喜欢做的事情。学习的目的是让你将来有更多的时间去做自己想做、喜欢做的事情。如果你现在把时间主要用在学习以外的事情上，那你将来就只能做自己不想做的事情。"孩子听明白了，也不再和我们唱对台戏，在学校认真听课，认真完成课后练习，遇到不懂的问题及时请教老师。我们深知学习本身是一场艰苦的修行，她能自律、自觉、轻松地应对学习，自然会取得不错的成绩，获得更多的信心。在初中阶段打好基础，形成良性循环，她就能在高中阶段完成马拉松的冲刺。

当了父母之后，最初，我们希望她身体健康，后来，我们希望她学业有成，再后来，我们希望……我们最终希望，她能过好自己的一生。为了让她过好这一生，我们希望她学会学习、学会做人。而我们能做的，是陪着她一起成长。

(松江区九亭第二中学　陆翔家长黄雯豫)

专题二

共同成长

懒人蜕变记

在带捣蛋鬼儿子之前,我是一个没有什么生活情趣的人,按部就班地读书、毕业、工作、结婚、生子。这一切好像预示着我已经是一个"成人",我完成了人生的大半,好像生活就应该是这样的,像一潭平静的湖水——岁月静好、波澜不惊。

直到有一天,我的儿子被爷爷奶奶过分娇惯,没有了边界,我才被迫加入了带娃大军。亲自带娃后,我一头雾水,一个大人竟然搞不定一个只有几岁的孩子!带娃途中简直就是洋相百出、鸡飞狗跳……磨合过程中,我帮助儿子改掉了懒惰的毛病,儿子也把我带到了成长的路上。

又是一个盛夏,天气炎热,我带着儿子去公园。我还没反应过来,眼疾手快的儿子没有征得同意就去拿在河边钓鱼的老大爷的鱼桶。我赶忙跑过去阻止并向老大爷道歉。老大爷看儿子这么喜欢小鱼就送给他一条,儿子如获至宝,把小鱼装进塑料袋带回了家。可是没过一个晚上,小鱼死了,儿子伤心得一天没吃饭。孩子爸爸看着难过,就从网上给他买了7条金鱼回来。儿子看到金鱼比河里的小鱼漂亮多了,开心得又蹦又跳,郑重宣布要照顾好这群金鱼,并一一给它们取了名字。孩子爸爸见状放心地去上班了,我看到儿子正在妥善地安置金鱼,便去做家务了。过了半晌,我回来一看,鱼缸里只剩下了一条金鱼。我好奇地问:"其他金鱼呢?"儿子很兴奋地拉着我的手去看他的杰作。两条金鱼被种进了花盆里,两条金鱼被放进了撒了许多盐的水盆里。我立刻火冒三丈,大声质问:"还有两条呢?"他显然被我吓了一跳,委屈地说:"放进了你的墨水瓶里。"我打开墨水瓶,漂亮的金鱼已经失去了原来靓丽的色彩,变成了两条僵硬的墨鱼。我脸色铁青,眉毛鼻子都气歪了,二话不说抄起扫把,在他屁股上猛打一顿。他更是丈二和尚摸不着头脑,又惊又吓又伤心,摸着被打疼的屁股,号啕大哭。再看看其他的金鱼,盐水里的和花盆里的早就死掉了。我没好气地罚他把死掉的金鱼装进一个纸盒里,埋到小区里的一棵大树下。

我把儿子这种层出不穷的奇葩行为归结为捣蛋,从来都是以三下五除二打一顿告终。孩子爸爸对儿子的捣蛋行为却表现得极为宽容。他下班回来听我给他抱怨完儿子的"壮举"后,把儿子搂在怀里温柔地问:"你喜欢这些金鱼吗?"儿子扬起天真的小脸轻声地说:"当然喜欢,而且它们死了,我很伤心。"孩子爸爸不解地问:"那你为什么要这么做?"儿子挠了挠头:"我看到鱼儿有的生活在大海里,有的生活在江河里,有的生活在湖泊里,还有的在小水沟里都能生存。你带我去海边的时候,我尝过海水是咸的,而你带我去公园玩沙子的时候,我从池塘里提上来的水是没有味道的。我想看看金鱼在盐水里是不是能生活得更好、在墨水里是不是也能生存,因为它们都是水。"孩子爸爸听了苦笑着,皱着眉头问:"那么,种进了花盆里的鱼又是怎么回事?"儿子好奇地问:"大海里能生出成群结队的鱼,我想着,要是把鱼种进花盆里,也许能长出好多条金鱼,我就有很多玩伴了。"孩子爸爸听后兴奋地把儿子高高举起,不住地夸奖儿子:"好儿子,你有想象力而且善于用行动去验证,做得非常好。"说着,孩子爸爸给儿子竖起了大拇指。我在厨房实在听不下去了,紧锁着眉头,掐着腰冲爸爸嚷:"你就知道惯着儿子,他越来越无法无天了。"孩子爸爸慢条斯理地说:"别着急,每个孩子都是在错误中成长的,而且,他又不是故意犯错,他是在尝试新事物。你敢说你在这件事上没犯错吗?你不仅没有给孩子反思的机会,还猛打一顿,把孩子的好奇心打没了。"孩子爸爸一下子点醒了我,细想我带孩子期间,好像孩子犯的错误都是因为想尝试新事物,每次我处理的方式都是武力相向,迫使儿子屈服不敢再犯。

当天晚上,孩子爸爸带儿子在网上查找了关于金鱼生长习性的视频。看完讲解后,儿子恍然大悟,明白了确实是他害了那几条金鱼,一个晚上都像霜打的茄子那样打不起精神。孩子爸爸见状过来安慰他:"别伤心了,现在还剩下了一条金鱼,我给你再买一条,给它找个伙伴。"儿子听了一下子打起了精神,清澈的眼神里闪烁着兴奋的光芒,把爸爸拉到电脑前,要查怎么科学养鱼。当晚,他们网购了一台过滤器,正式开始养鱼。我也是服了他们父子俩,为了两块钱一条的金鱼,花了几百元买过滤器。为了养鱼,父子俩才不管资源配置是否合理,撸起袖子就这么干了。我在一旁看着他们生气,彻底不管了,随他们怎么折腾。等过滤器到了,一向四体不勤的父子俩鬼使神差地勤快了起来,清洗鱼缸、加水、安装过滤器……两个人忙活了将近一个晚上。

第二天一大早,儿子自动从床上爬起来,穿着睡衣一个箭步冲到我们房间,把爸爸摇醒一块儿去看金鱼。孩子爸爸拖鞋也没来得及穿上就跑到客厅,金鱼正欢快地在水里吐着泡泡,跟它的小主人打招呼呢!父子俩开心地击了个掌。我系上围裙不耐烦地说:"你们俩别得意得太早,我告诉你们,照顾金鱼不属于我的业务范围,你们自己看着办。"孩子爸爸摸着儿子的头,语重心长地说:"把照顾金鱼的任务交给你,你能完成吗?"儿子兴奋地举起拳头:"保证完成任务!"我不屑地朝他们撇了撇嘴说:"看你们能坚持几天!"

儿子果然担负起了照顾金鱼的责任,早晚会给金鱼喂食,放学后还要到鱼缸前看一会儿金鱼,就连换水、清洗鱼缸这类复杂的事情也不再叫我,都是父子俩完成。

儿子的成长历程就像动画片里的蜡笔小新,蠢事一件接着一件,故事情节像小说里写的那样跌宕起伏,每次都能把我气得吐血。但每次收拾残局后,我才意识到,原来在儿子的成长之路上,我已经获得了越来越多的智慧和力量。

我正走在和儿子共同成长的路上。

(上海师范大学附属外国语小学 王玉龙家长张福娟)

陪读妈妈

我的孩子在松江区洞泾学校上七年级。七年级正是大量阅读的好时机。我想跟各位朋友分享一下我和孩子的阅读故事。

儿子小时候总喜欢听我讲故事，一个接一个地听。时间久了，他不再满足于听我讲故事，还要自己看绘本。慢慢地，他每天睡觉前养成了听故事、看书的习惯。

儿子上了小学，识字量增加了，家里的书也慢慢多了起来。《三毛流浪记》《笨狼的故事》《笑猫日记》……儿子在不知不觉中读了几十本书。儿子平时写完作业后最大的乐趣就是阅读课外书籍。随着儿子年龄的增长，家里的书也越来越多，即便一些书籍因为低龄化不再适合儿子阅读，我们也不舍得送人，因为儿子已经把家里的书当作好朋友一样热爱。

在上学路上，我给儿子讲三毛的《撒哈拉的故事》：用春雨做的菜、用指甲油补牙齿……他越听越觉得有趣，央求我赶紧网购三毛的书。这样，书架上又多出了三毛系列全书，他如饥似渴地了解着新朋友。一天，在回家的路上，儿子跟我提起《沙巴军曹》：一个与撒哈拉威有着血海深仇的军曹，为了拯救撒哈拉威的孩童，却扑在炸弹上，被炸成碎片。儿子说看到这个故事他感觉鼻子酸酸的，心里有些闷闷的，我也哽咽了，军曹救人的举动震撼心灵，让人感动。因为读书，我们之间的话题越来越多。

学校推荐的书籍越来越多，有些书儿子一开始并不喜欢，比如《茶馆》，他一看对话很多，提不起兴趣来。我便模仿着人物的语气用老北京儿化音说着里面的对话。儿子就这样在我的"强迫"下听完了《茶馆》，他也逐渐被书中诙谐幽默的对话吸引。

为了做个合格的"陪读"妈妈，我也趁机重温自己年少时所读的书籍，陪他一起阅读，分享心得，跟书里人一起哭，一起笑。

处于青少年时期的孩子，难免会遇到各种不愉快的事情。这时，一本好书、一本好的小说、一个好的故事，哪怕是一本漫画书，都可以带领他来到另一个世界，分散他的注意力，让他尽情享受轻松愉悦。我想，这就是阅读的好处。

为了让孩子爱上阅读,家长要以身作则,参与其中。

有时候我偷懒,一边看手机,一边督促孩子去读书,他就会充耳不闻。想让他乖乖地学习读书,最好的办法就是我放下手机,拿起书本,做他无言的榜样。言传身教,言传不如身教。

家长要创造一个舒适的读书环境,把书籍放在孩子触手可及的地方。我们家虽然住在出租房内,家具简陋,但还是专门准备了一个书架,存放儿子心爱的书籍。

阅读书籍是让孩子远离电子产品最好的方法,因此,家长尽量不要选择电子书籍,而应给孩子纸质书籍,一是为了保护孩子的视力,二是为了营造书香氛围。

做个"陪读"妈妈或者"陪读"爸爸,我想这是我们给孩子最好的陪伴,而"陪读"时光也是最和谐的亲子时光。

（松江区洞泾学校　李婧家长刘言珂）

与孩子共同成长

寒假里,由于我和孩子爸爸都要上班,不放心孩子独自在家,我就让孩子跟我一起去上班。早高峰的地铁上人很多,他像往常一样上了地铁后就拿出一本书阅读。可是,没一会儿我发现他把书合了起来,夹在腋窝里,脸红红的,似乎在生气。我低头问他怎么了,他没有说话。我再看他时,发现他手里拿着一个拉链头,正在急躁地往裤子口袋的拉链上装。可是地铁运行时车厢一直在晃动,他每次刚要成功,拉链头就凑巧地滑到一边。他怎么也装不上去,脸都涨红了。这时,地铁正好到达下一站,我赶紧拉他下车。他似乎更生气了,不愿意下车,但拗不过我,还是被拉下了车。

"妈妈,你为什么拉我下来?我就快装上了!"他红着眼睛大声说道。

"车厢一直在晃动,你不可能装上拉链头的。我们先下车,坐下来更好装。"我严肃地回答。

"可是……你怎么知道车厢晃动我就装不上?再等一会儿,说不定我就装上了。"他明知不可能却还在和我顶嘴。

"那我让你在晃动的车厢里倒一杯水,你能做到不洒出来吗?"我想给他讲道理。

"可我就是想挑战一下在晃动的车厢里把掉下来的拉链头装上,你却打断了我。"他还没有消气。

"那好吧,下一班地铁过来我们再上去。你可以试一试,但不能生气和急躁。你能答应妈妈吗?"我语气缓和了一些。

"嗯……"他停顿了一下,又说道:"要不算了吧,可能试也是白试,真的装不上吧。"看来,他终于想通了。

"那你是准备在这里装上去,还是先到我单位再坐下来好好装?"我问他。

"不装了,这个拉链头真不好装,到时候你给我换一条拉链吧。"

我没有再说什么,拉着他再次坐上地铁。快到我单位的时候,他突然说道:"妈妈,对不起,今天害得你上班迟到了。"

"没关系,儿子,你今天能在最后想明白并调整好自己的情绪,妈妈很高兴。"

我赶紧安慰他并给予了适度的夸奖。

像大多数男孩子一样，我的儿子也会发脾气。有时，他甚至暴躁得像一匹脱缰的野马，这时，他听不进去任何的话，甚至会和我顶嘴、抬杠。看了一些心理学方面的书籍后，我明白了这是正常的。孩子逐渐长大，想法也多了起来，不愿意再事事顺着家长，但他们往往还没有学会管理自己的脾气。于是，情绪失控的情况就时有发生。著名儿童文学家曹文轩在写给儿子的一封信中说他的儿子脾气暴躁，他去向心理医生请教，经过医生解释后，他终于释然了，因为这是很正常的。其实，孩子每次发脾气都是有深层原因的，家长不能不分青红皂白一味指责，这样往往会适得其反，让孩子越闹越凶。

后来，我想他生气可能是因为地铁上人多，自己的裤子口袋拉链又突然坏了，但他能心平气和地跟我沟通，并快速调整情绪，这就是一个进步。过了一段时间，我又和他提起这件事，他说应该是当时人多，拉链又坏了，他的心情突然就不好了。

每个人都会有心情不好的时候，何况是一个八九岁的孩子。他们往往不会控制自己的情绪，所以当孩子发脾气的时候，家长要先控制住自己的脾气，不要指责，更不要用发脾气来控制他，可以先让他释放一部分负面情绪，再和他平静地沟通，让他平和地宣泄，等他彻底冷静下来后再进行教育。有时，家长也可以回顾一下事情的经过，让孩子从中吸取经验、教训，这样，面对同样的情绪时孩子就知道如何处理了。

家长教育孩子的过程中，会发生各种情况。当然，不是每种情况家长都能处理好，所以，家长一定要不断学习，不断反省，与孩子共同成长！

最后，用一段话和大家共勉：孩子是一个独立的人，有优点，有缺点，不要要求自己的孩子做一个完美的人，不要拿自己的孩子和别人的孩子比，要学会欣赏自己的孩子，别人的孩子会开花，也许你的孩子永远不会开花，但他是一棵大树啊！

（松江区泗泾第三小学　柏远辙家长王淑红）

亲子对话八要素

从上五年级开始，女儿的独立意愿就逐渐显露出来。周末的时候，她不再需要妈妈陪伴，要么找同学一起玩，要么自己一个人出去随便逛逛。虽然我知道要给孩子成长的空间，要给她和小伙伴一起玩耍的机会，但作为家长，就这么隐退，我好像有些不甘心。和孩子相处的时间少了，怎么办呢？要想把孩子的心留住，必须得下点功夫，有点实料才行。

一次偶然的机会，我学习到了一个方法：不要把孩子当作未成年人，要正常和孩子交流，这样可以拉近亲子关系，也能让孩子更好地理解家长。于是，我和女儿约定，每天上学和放学路上，我至少得和她分享两件事。为了让女儿产生足够的兴趣，那段时间我每天坚持学习，努力获取一些知识或者趣闻：迪士尼强大的法务部门、欧洲旋转楼梯的方向、怎样接受别人的赞美……有时我会和她讲讲当天见到的人或事。慢慢地，女儿有了兴趣，会把学校里的事、班级里的事、与朋友间的事告诉我。

女儿上了六年级，学校的课程中增加了地理。她对地理很感兴趣，放学后她常说课堂上有趣的事情。在我们家，孩子爸爸和孩子姐姐的历史、地理很好，他们时常在一起讨论。但女儿刚入门，我担心话语不当，她容易被打击到。于是我告诉她："妈妈读书的时候，虽然每次考试成绩都不错，但经常是考完后就什么都不记得了，这样真的不好。爸爸和姐姐之所以记得这么牢固，是因为他们有输出。"于是，每周六的下午，我们又多了一项活动。我们俩搬来椅子，面对着家里墙上的地图，指着相应的位置，复习地理课上学到的知识：英国的组成，日本的地貌特色、气候、矿产，美国的重要城市、人口情况，墨西哥的山脉，澳大利亚的沙漠，巴西的河流……有时遇到记不清的知识点，她会翻出地理书，看两眼再继续。看着女儿兴致勃勃地讲述学到的知识，我的心里既自豪又佩服。她讲述的很多知识点，我都很感兴趣，而她自己也有了成就感，有了对课堂的期待和探索相关知识的欲望。这样的亲子时刻，我们俩都乐在其中。

有一次，我参加了家长茶话会，大家一起讨论怎样才能和孩子进行高质量的亲子对话，其中提到了八要素，让我很受启发。

（1）建立场景：创建角色扮演场景；

（2）真诚交流：亲子双方真实、诚恳地交流；

（3）互动讨论：思想交锋，双向流动；

（4）换位思考：易位而处；

（5）预设主题：输出一个价值观和观点；

（6）情绪稳定：自我调控和克制情绪；

（7）话题共鸣：话题要让双方都有感触；

（8）时机适当：择时择地，轻松愉悦。

有了这八大要素，亲子话题一定不会枯竭，亲子对话质量应该不会差，亲子关系应该也能和谐。让我们陪着孩子一起享受快乐，共学共进吧！

（松江区九亭中学　贺梓暄家长李琦）

在阅读中与孩子共同成长

"妈妈,你晚上不让我读书,我就不睡觉!"儿子固执地看着我,手里拿着四五本书。"好吧,你去读吧。"我微笑着说。说着,小家伙已经高兴地跳上了床,读了起来,偶尔还要跟我分享一下书里的情节。有时,我会和他一起读书;有时,我会坐在电脑前写读书笔记。这样的场景,每天晚上都会上演一遍。我非常开心,孩子已经养成了读书的习惯,而我也养成了每月坚持写读书笔记的习惯。

还记得孩子六七个月大时,我决定跟他一起养成一个好习惯。想来想去,读书,一直是我想坚持却还没做到的事情。索性,就从读书开始。六七个月大的孩子还不知道读书是什么,更不会看书。于是,我挑选了一些精美的以图画为主的绘本,里边夹杂着一些简短的文字,每天睡觉前读给儿子听,并让小家伙看看图画。第一次读书,小家伙用小手打我的嘴,把书从我的手里打掉,不让我读。可能他在想:妈妈在做什么,还不如跟我玩。他打掉我的书,我就重新拿起来,再指着图画接着讲,坚持了一个月,小家伙居然能安安静静地看着图画听我讲了。

我成了讲书人。从孩子六七个月大一直到孩子会说话,我坚持每晚读1至2本书给他。等孩子会说话后,他就要求我给他讲书。"妈妈,讲书了!"儿子拿了十几本书放在床上,等着我讲给他听。每天晚上,我都讲得口干舌燥,他还不肯睡,我只能哄他,许诺明天读更多的书给他听。

儿子听书的兴致越来越高,我便试着将他变成共读者。我觉得儿子已经上幼儿园了,简单的字也认识了,就想试着让他自己读书。结果,他只是看看书上的图画,不肯自己读,还是坚持让我讲。为了转变他的想法,我开始跟他玩角色扮演游戏,他读一部分,我读一部分,或者我们一起读一段文字,他跟着我读。渐渐地,小家伙接受了这样的读书方式。

上了小学后,儿子学了拼音,认识的字也更多了。我开始给他买一些文字比较多、趣味性比较强的书,比如科技类的、侦探类的,都是他喜欢的类型。在他喜欢的前提下,我引导他自己读、自己看,甚至让他读给我听。我们还建立了书香家庭日——相约星期五。在每个星期五的晚上,全家一起读书并分享自己读的书,爸爸和妈妈读完后还要写读书笔记。就这样,每个星期五的晚上,我们三个人或坐在沙发上，或坐在床上，沉浸在书海里。小家伙看到好玩的、开心的、有趣的内容，都要跟我们分享，我们也很快乐。这样的日子里，不仅我们能够看到孩子的成长，孩子也能够看到我们的成长。

就这样，孩子从听书者变成了讲书者，我从讲书者变成了聆听者。我们成功实现了角色转换。现如今，儿子已经上小学二年级了，他能够自觉主动地看书、读书、用书，而我自己也看了很多儿童文学作品，读书笔记也已经积累了50多篇。

从培养读书习惯这件事中，我们可以看到，家长要想和孩子一起成长，可以从几方面进行尝试。

一是学会做一个设计者。做任何事情、参加任何活动，其实都需要提前准备，做好整体设计。比如想从小引导孩子养成阅读的习惯，家长可以先讲以图画为主的书，再讲文字比较多的书，接着进行角色扮演式的阅读，最后让孩子自主阅读。家长可以在提前设计好过程的基础上，根据孩子的情况进行调整。

二是要有持之以恒的决心。事情想清楚了，设计好了，就要持之以恒地做下去。有人说，养成一个好习惯需要21天。对孩子来说，可能需要更长的时间，而且需要有一个陪伴者、同行者。从培养读书习惯这件事中，我们发现，要想让读书变成孩子自觉主动的事情，需要一个家庭多年的共同阅读。

三是要循序渐进。成人的急躁、焦虑，会影响孩子的情绪，所以，家长应该给予孩子充足的时间，让孩子慢慢转变。当然，也不是无限制地慢下去。真的实行不下去的时候，家长应该思考问题的症结，及时进行调整，继续尝试。

四是要先成为自己希望的模样。家长希望孩子多读书，养成读书的习惯，那么，家长自己就要先养成读书的习惯，再研究孩子的发展阶段、身心特点、阅读规律，选择合适的书，采用合适的方法，引导孩子渐渐爱上读书。除了从方法上引导孩子，家长更重要的是以身作则，让自己成为一个爱阅读、会阅读的人。

读书习惯的养成，只是家长陪伴孩子成长过程中的一件小事，有了这样的过程，不论结果如何，我们都会发现自己在改变着、成长着。也许，不仅仅是我们在陪伴孩子成长，可能，是我们更需要孩子帮助我们成长。在一起成长的日子里，希望我们都可以变成想要的样子！

（上海师范大学附属外国语小学　张开元家长王利敏）

接纳自己，活在当下

平常我是一个脾气好也很有耐心的人，唯独在对待孩子写作业这件事上，我很容易发怒，顷刻间，就能让家庭气氛紧张起来。

我的孩子自尊心很强，但她也很贪玩。我时常在想，孩子天性贪玩无可厚非。但在写作业的时候，她既想把每个字都写得很漂亮，写字的速度很慢，又不够专心，做一会儿就想玩一会儿，爷爷奶奶也管不住她。于是，每天我下班回到家，她的作业都没有做完。吃完饭，我来检查作业，给她查漏补缺，就要催着她先把作业写完，她却磨磨蹭蹭的，就是不想做作业。我软硬兼施都没有用，孩子哭哭啼啼，我在疯狂怒吼。一旦她的要求不能被满足，她就会哭泣、愤怒、生气，而我却无能为力……等她好不容易把作业做完了，往往是晚上 10 点以后了，她严重缺乏睡眠，我也心力交瘁。

我最近在读《当下的力量》这本书。书中鼓励我们去观察自己的思维和情绪，不要急着去抗拒，而是去接纳、去臣服，不批判、不抱怨。我开始学着去观察和解构自己的情绪，为什么我会急、会催、会哄孩子，原因有两点。其一，我还是想控制孩子，让孩子照着我的节奏来。我从小就是一个好学生，因此，我无法忍受老师的批评。孩子作业完不成，老师会在私下联系我，我觉得很丢面子。其二，我认为孩子自己不能完成作业，因为不信任孩子，我才会包揽一切。而在我的这种行为下，孩子很难养成对自己作业的责任心。我在控制失效后，又意图通过责骂和冷暴力来进一步逼迫孩子就范，孩子必然会有反抗情绪，这就造成了现在这样一个大家都不开心的双输局面。

"如果你发现你的'此时此地'变得无法忍受并且使你非常不开心，这时你有三种选择：从这种状况中离开，改变它或者完全接受它。"我无法离开我的孩子，我不能放任不管。我应该试着先改变自己，完全接受这件事，并放手让孩子自己去飞，这样的话，即使遭遇挫折，她也能学会成长。

又是一个周末晚上，由于白天去参加了一个活动，孩子还有一些作业没有做完，我跟她说先把作业做完，但她坚持要先做一个手工盒子，来装今天获得的奖励。这次，我决定信任她，让她处理自己的事情，我要做的就只是提醒。于是，我对她说:"好的,今天晚上你自己安排时间。但是,你应该清楚地知道你还有哪些作业没做。"她回答:"我知道,今天这么开心,做完手工盒子我一定会好好完成作业的!"在她做手工的时候,我在一旁阅读,安然于我的当下。虽然她花了一个小时才完成手工盒子,但这一个小时,我们都愉快地享受了当下的时光。做完手工盒子,她做了一会儿作业后,又不想做了,说她累了想睡觉。"嗯。"我同意了。就算老师又向我反馈她的作业没完成也没关系,我不应该为了自己的面子而包办一切,她需要培养起自己的责任心,并学会自己去承担。第二天,老师来向我反馈她的作业完成情况,想来在班上也点名了。放学后,她自觉地补了作业。

虽然她现在依旧会出现作业写到很晚或没有写完的情况,但是由于我能接纳自己和她的情绪,能很平和地与她沟通,至少家里不再出现一个怒气冲天的妈妈,家庭恢复了和谐。我腾出了盯她的时间来做自己的事情,她也慢慢学会了对自己的行为负责,开始更加积极主动地去学习。更重要的是,我们不再互相耗损,而是更好地活在了当下。

(松江区九亭第二小学　吉心林家长林玉虹)

让孩子成为真正的自己

从孩子出生的那一刻起,我便有了一个新的身份——瑄瑄妈妈。这让我觉得自己肩头的责任更重了。面对"育儿"这个新课题,我和很多新手妈妈一样,经常磕磕绊绊。不过,摸索"育儿"的过程,让我觉得它堪比一个大项目,因为它的难度系数更高,需要更广的知识面和更多的付出,当然,我也能够从中有更大的收获。

时光飞逝,转眼间我的女儿已步入小学三年级,这一路走来,我的心中百感交集。回想孩子成长的过程,我有时会手足无措,有时会欣喜若狂。虽然过程很辛苦,但是这一路的陪伴,我收获更多的是成长和感动。我也从实践中明白了一个道理:真正明智的家长不是用自己的爱将孩子牢牢圈起来,而是懂得适度放手,给孩子空间,让他们自主成长,从中获得属于自己的快乐。

将心比心,每个家长都觉得自己的孩子是最优秀的;每个家长都想把最好的东西送给自己的儿女,让他们成为人中龙凤。于是,家长就会拼命输送超乎想象的爱给孩子,同时也会要求孩子给自己更多的回报。当今社会,一家六位大人围绕一个孩子的组合教育方式已经很普遍,父母、爷爷奶奶、外公外婆的爱交汇在一起,仿佛形成了一张巨大无形的网,紧紧地罩着孩子,这让孩子根本透不过气。家长总是过分地担心和关注孩子,每次孩子放学回家,都围着孩子问东问西,经常过分干扰和左右孩子的意见,总觉得自己给孩子选择的是最好的。家长总是固执地认为自己给孩子铺的路,孩子会终身受用。现在甚至还有很多家长认为,这种包围式的爱就是爱孩子的最佳方式。可事实告诉我们并不是,孩子很难从中感受到爱,感受到快乐,甚至还会迷失自己。

由此可见,选择合适的家庭教育方式是至关重要的,家长必须引起重视,然后找到适合教育自己孩子的方法,有的放矢地经营我们对孩子的爱。

曾经的我做得也不够好。我总觉得自己小时候样样好,我的孩子也一定样样行。记得瑄瑄上二年级的时候,有一次数学小练习没有发挥好,回家后很沮丧,我虽然留意到了她的沮丧,但依旧全然不顾她的感受,狠狠地批评了她一顿。我清晰地记得,那天晚上,我咆哮了很久,女儿伤心地哭了很久,最后我陷入了沉思……从那以后,每次提到数学,瑄瑄都会回避,甚至有抵触情绪。也不知道从什么时候开始,她还给自己贴了一个标签——"我是数学烂人",这让我有些内疚和苦恼。于是,我向心理咨询师周老师咨询孩子的情况,想了解有效的应对方法。周老师的几句话点醒了我。她语重心长地说:"二年级,学习生涯才刚刚开始,怎么能这么轻易地下定论呢?要知道,在小学阶段,孩子对学习的自信和兴趣远比学习成绩重要!再者,并没有人规定,优秀的人就要样样都行,优秀的孩子就一定要数学好。要知道,很多著名的人物都是有缺憾的,但这并不影响他们变得优秀!瑄瑄已经很棒了,你要多看看孩子的优点,给她一点进步的时间和空间。"回家路上,我豁然开朗:原来,要想成就孩子,就要先学会放下,接受孩子的不足。

从那以后,我渐渐学着放手,让孩子更多地参与她自己的事情,为自己的事情做决策。平日里,只要她有一些小的进步,我都会注意到,并及时做出正面的评价和奖励。久而久之,瑄瑄减少了很多压力,数学学习兴趣一点点提升上来了,在生活中也变得更加自信。一年以后,我发现我改变了自己,孩子也会随之改变,这是多么不可思议啊!这种爱或许才是孩子需要的,这种结果才是我想看到的。有一天,瑄瑄悄悄告诉我,她喜欢现在和妈妈相处的方式,她想学什么,我都会尊重她;她不想学什么,我也会先和她讲道理再做决定。我知道,那一定是她内心真实的想法,同时我能确定,现在的她是快乐的!

人这一生有走不完的路,也有学不完的知识。在育儿这件事上,我会放低姿态,以最舒心的方式陪着瑄瑄走今后的人生路。我的女儿,我只要她健康、快乐、积极向上就好。

(松江区九亭第四小学　解颜瑄家长王雅丽)

爱与爱的失误

岁月无痕,不经意间,女儿已经上六年级了。从她出生到进入幼儿园,再到进入小学,数不清的瞬间,都包含了我的爱和因爱产生的失误,也包含了女儿的诸多快乐和无奈。

1. 用爱和宽容促进孩子的性格发展

孩子是家长的缩影,家长童年的经历在某种程度上会影响孩子的发展。我在贫苦的环境中长大,我的母亲对我既有发自内心的疼爱,也有后来因为生活压力变大而出现的打骂。她这样的变化影响了我的教育理念,使我在教育自己的女儿时变得谨慎。

由于自己小时候挨打次数太多,我更多地选择用宽容的方式来教育女儿。我认为,家长用有原则的宽容才能培养出品格纯良的孩子,严苛刻薄的家长会让孩子变得吹毛求疵,甚至急功近利。

记得有一次,上幼儿园大班的女儿在小区里与几个孩子开心地玩耍,我在一旁陪伴。几个孩子在一起饶有兴趣地讨论自己的妈妈,这激发了我的好奇心,于是我认真听了起来。一个孩子说:"我的妈妈很凶。"另一个孩子说:"我的妈妈有一点儿凶。"轮到我女儿了,我听到她十分自信地说:"我的妈妈一点儿也不凶。"别的孩子反问她:"难道你的妈妈不骂你吗?"女儿回答:"我的妈妈不会骂我。当我犯错时,她会说,没事,下次注意。"我听后心里非常舒畅,因为我并没有复制我和我的母亲之间那种剑拔弩张的亲子关系,我的女儿在一种宽容的亲子关系中养成了善良、不急不躁的品性。

2. 注重培养孩子的学习习惯并引导孩子做好时间管理

习惯影响性格,性格成就命运。好的习惯是成功的一半,认真的态度是做好一切的前提。从女儿上一年级开始,我就非常注重培养她的学习习惯,努力让她形成认真的学习态度。可惜,过分认真变成了一把双刃剑,它在让孩子打下坚实学习基础的同时,对孩子的时间观念产生了负面的影响。于是,从女儿上三年级开始,让她保持认真的学习态度和做好时间管理就变成了我的重要任务。

刚上三年级的时候,女儿每天一放学就开始做作业,从夕阳西下做到夜幕降临,从夜幕降临做到月亮高挂,虽然完成了作业,质量过关,但睡眠不足的问题、视力下降的问题、白天上课注意力不集中的问题也随之而来。到了期末,复习卷一张接着一张,作业更多,女儿更难以招架。每一个陪伴女儿学习的夜晚,我都在进行深刻的反思:或许正是我在女儿上一、二年级时让她养成了过分认真的习惯,用各种细碎的要求让她形成了过分纠结的性格,她才忽视了时间管理的重要性。反思之后,我便尝试一点点地改变。我尝试与女儿谈心,引导她明白时间管理的重要性。我们商量着写好每项作业的时间、读书的时间以及休息的时间,把时间分割成具体的板块,渐渐地,女儿没有时间观念的情况有所改善了。她写作业时,我们坚决不打扰她,这样到四年级,她的情况又改善了一些。对于女儿无法做好时间管理这件事情,亡羊补牢,为时未晚,我只能这样宽慰自己。

3. 努力为孩子筑就避风躲雨的港湾,帮助孩子减轻升学压力

时光飞逝,女儿进入了初中。我们的家庭关系在巨大的升学压力下突然变得紧张起来。以前很少过问女儿学习情况的老公,突然关心起孩子的成绩。一直陪伴女儿学习的我,也变得容易发怒,女儿每次测验,我的神经都紧绷着。有几次,因为女儿测验成绩没有达到要求,我对她狂吼起来。女儿流着泪水,对我说:"你出去,我自己写。"女儿一直冷静、平和,不争强好胜,这是我培养的结果。面对我的指责,她没有争辩,只希望我离开。她这么温和,不正是我初期培养的目标吗?她已经尽力达到了我的要求,反而是我这个妈妈抵挡不住孩子的升学压力,急功近利,把焦虑宣泄在她的身上。我已经偏离了航线,而孩子仍在坚定不移地前行。我需要冷静,于是我一个人窝在沙发里,客观分析孩子面对的困难,调整好自己的心态,默默做好规划,不再催促孩子。我要给女儿筑就一个避风躲雨的港湾,我要做孩子最坚强的后盾。

写到这里,仿佛这个话题才刚开了个头。初为人母,而生母爱;虽有母爱,仍有失误。作为母亲,我希望用尽绵绵之力,陪女儿健康成长,给她一个灿烂的明天!

(东华大学附属实验学校　张书薇家长汪宁)

在亲子冲突中反思成长

不知从何时起,"亲子"这个词变得非常流行,如我们耳熟能详的亲子游戏、亲子服装、亲子郊游、亲子运动会、亲子沟通、亲子关系。回想一下,在孩童时期,我们的爸爸妈妈似乎并没有怎么关注我们,和我们交流时也基本上是命令的语气,我们依旧健康长大了。然而仔细品味一下,时光如果能倒流,如果我们的爸爸妈妈能够用更加恰当的方式与我们交流沟通,我们是否会更加自信,更加有勇气去尝试新鲜的事物呢?时光当然不能倒流,因此,作为家长,我们要更加注重孩子成长中的问题,处理这些问题的过程其实也是我们自己成长的过程。接下来,我想分享的是亲子发生冲突后,怎样把对孩子的伤害降到最低。

就在前几天,我和儿子之间产生了矛盾。儿子今年上二年级,以前他基本上能够自己按时完成作业,不用我操心。我在与他相处时,秉持着"建立孩子的自信,给孩子足够的自尊"的原则,对于寒假作业,我基本上让他自己规划完成进度。但是对于语文练字这一项,我已经提醒过他很多次:"如果你再不赶进度,开学肯定是完不成的。"但他依然不紧不慢地坐在座位上,不是动动这里,就是翻翻那里,一个小时过去了,依旧没有写几个字,写出来的那几个字也是应付了事、东倒西歪。看到这里,我攒了几天的怒火终于爆发了,我开始骂他,用书拍打桌子。越骂他,我越生气,越生气,我的嗓门也就越大。这时,他被我震慑住了,一边哭一边写,还不忘用眼睛瞪我。

慢慢地,我恢复了平静,开始反思自己的做法是不是伤害了孩子,如果我刚才用其他的方式处理,结果是否会更好。但是,脾气已经发了,冲突已经产生,我只能心平气和地找孩子聊天,以化解刚才的矛盾。这不仅是为了让他知道自己不对的地方,正视自己的错误,也是为了平复他的情绪,消除他对我的敌意和畏惧。

八岁的孩子理解不了三十八岁的家长对他的期待与渴望,因此,我深入浅出地分析问题,让他知道每个人都有一定要完成的任务。我问他:"你为什么这么磨蹭?"他不肯说话。感受到他对我的抵触,我先向他道歉:"妈妈发火是不对的,因为妈妈没有管理好自己的情绪,但是妈妈依然爱你。"然后,我换了一种问法:"刚才写作业的时候,你遇到什么困难了吗?你告诉妈妈你心里是怎么想的,也许妈妈能够帮到你。"他慢慢放下了心里的防备。原来,他觉得自己没有能力在这么短的时间内完成剩下的作业,不知从何入手。分析清楚原因后,我决定和他一起制订可行的计划。在我的帮助下,他欣然接受并开始快速执行。

每次产生冲突后,我们总是习惯于站在自己的角度看问题,并没有理解孩子内心的感受。我们要在每一次的不愉快中总结经验、教训,在遇到类似问题的时候尽量管理好自己的情绪,不给孩子造成不必要的心理负担。

亲子关系紧张,往往是因为家长想关心孩子,但孩子不喜欢也不接受;孩子想爱家长,却不知如何靠近。作为家长,我们应该多反思自己,用自己的一言一行影响孩子,同时接受自己的平凡,也接受孩子的平凡。

(松江区第二实验小学　侯羽锟家长赵识博)

超越自我，成长比成绩更重要

许多家长对孩子寄予厚望，不厌其烦地督促孩子，无形中给孩子很多压力。但是，赢得起也输得起的孩子，才是真正的赢家。家长应该有这样的观念：孩子的健康成长比成绩更重要。

数学考试成绩下来了，孩子垂头丧气地回到家中，胆怯地靠着门，眼睛盯着妈妈："妈妈，我考得不好。"

妈妈的眼睛瞪得像铜铃，抓起苍蝇拍，对着孩子的屁股就打了一下，嘴里说着："你这个不争气的东西，我辛辛苦苦送你上学，你不好好读书，考成这样，我看你太不成器了。"

没过几天，孩子从语文老师手里接过试卷，看到老师表扬的评语，他像燕子一样飞进了家门。

一个吻落在了孩子的脸上。妈妈的眼睛眯成了一条缝，双手抱着儿子，笑得合不拢口："我儿子真棒，真乖。"

孩子忍不住问："妈妈，你到底爱什么，是我，还是我的成绩？分数真的很重要吗？"

许多家长认为，只要孩子能考上重点中学、考上大学就万事大吉，孩子的其他要求根本不重要。可是，孩子成长过程中不仅有学习方面的需求，还有其他方面的需求。现在，很多孩子虽然学习成绩很好，但是产生了很多心理问题。这些孩子不是没有能力解决问题，而是因为非智力因素影响了他们的发展。

要知道，孩子的成长比成功重要，经历比名次重要。要想让孩子全面发展，家长就要让孩子有丰富的人生经历。家长要想对孩子的一生负起责任，那就要想明白自己培养的是一个有血有肉的孩子，而不是一个考试的机器。事实上，心态好、充满自信的孩子，一定会成长为各方面都优秀的人。

在漫长的人生路上，心理素质好的孩子豁达开朗、沉着应对，心理素质差的孩子烦恼缠绕、难以自拔。就像一个木桶，它的盛水量不是取决于最长的那块木板，而是取决于最短的那块木板。一些在重压下长大的孩子，虽然上了大学，但是内心世界仍然被自卑笼罩着。

作为孩子人生道路上最重要的人，家长应该告诉孩子："成绩不能代表一切，课堂学习不仅仅是为了取得好的成绩，更是为了完善自己，刻苦的学习态度和扎实的知识基础比成绩更重要。"

孩子的健康成长比成绩更重要，家长不要刻意给孩子定下目标，平时要多与孩子进行沟通。在教育孩子的过程中，家长要多点爱心、多点鼓励，主动走进孩子的世界，给孩子创设一个宽松的环境，帮助孩子更健康、更快乐地成长。

每个人的童年只有一次，成长不能重来，成绩不是目标，个性才是关键。作为家长，我们一定要看清目标，不能迷茫！

（上海外国语大学松江外国语学校　陈沫沫家长陈晓波）

专题三

爱的陪伴

爱的陪伴需要艺术

所有的家长都愿意给孩子百分之百的爱。孩子生病了，家长恨不得替他生病；孩子作业迟迟完成不了，家长恨不得帮他做掉。只可惜，一切都是"恨不得"。很多孩子进入青春期后，认为家长做的一切都是错的。其实，这只是因为孩子觉得自己终于到了可以挣脱家长的年龄，急于宣誓自己长大了。所以，家长不要让孩子到了青春期才有机会独立，长大是时时刻刻在发生的事情。在爱的陪伴路上，家长要引导孩子形成以下几种意识。

1. 规则意识

家长可以把每个月的最后一天设立为家庭日。在这一天，全家人需要制定出下个月要遵守的规则。这些规则是面向全体家庭成员的，而不是针对孩子的。比如，家长不能在室内吸烟，家长不能在孩子面前玩手机。在这样的认知基础上，家长再和孩子谈他需要遵守的行为规范。如果孩子有畏难情绪，在这个阶段，家长可以让孩子畅所欲言，并把孩子的诉求记录下来。在协商一致的基础上，所有人都要郑重地签上名字，表示愿意遵守规则。这样实践下来，给孩子的内心感受是家长愿意倾听他的心声和意见，尊重他的意愿。

所有的规则都需要完善，在实际操作过程中，家长和孩子还会遇到各种各样的问题。比如，可以约定好每周二和周六，孩子可以分别看一次喜欢的动画片（每次看 20 分钟）。然而，周二那天因为临时有事，孩子忘记了看动画片，家长可以在周三的时候让孩子补看一次，并且跟孩子强调，约定好的事情必须要做到，即使你忘记了家长也会提醒你。如果孩子在周五的时候忍不住想看动画片，家长就要坚定地告诉他，不可以，因为这不是我们约定的内容。这样可以避免因为孩子软磨硬泡，家长失去原则，从而让家庭规则成为一纸空文。

2. 主人翁意识

家长在孩子面前具有相对的优势，体力、智力、经济等方面均是如此。如果家长一直用强者的身份跟孩子去对话，孩子就会一直处于弱势的地位，无法实现自己的成长梦。比如，外出时，家长可以让孩子来认路，让他来选择地铁的换乘路线，哪怕事后证明他选择的路线不是最优的，孩子也会很开心。当需要帮助的时候,家长要大声地说出自己的诉求。比如,生病时,家长可以请孩子帮忙分担家务琐事。此时,家长会发现,孩子似乎突然长大了,那些平时不会做的事情,在这一刻他都会做了。其实,不是孩子突然长大了,而是家长给孩子搭建了"长大"的舞台,让他们有机会展示自己有担当的一面,展现自己主人翁的地位。

3. 实践意识

所有的家长都对孩子有着很高的期待。如何才能把这份期待转化为孩子前进的助推力而非阻力呢?

20 世纪 60 年代,哈佛大学的罗森塔尔博士和他的团队进行了一项著名的"期待效应"实验,实验结果表明,孩子具有很强的可塑性。家长对孩子的期待会影响孩子的发展,与孩子将来的成就有很大的关系。这种期待不是对孩子的要求,而是发自内心地相信孩子自身具备了成长的动能和变得优秀的潜能。家长要多带孩子出去参加各类社会实践活动,参加各种博物馆、展览馆举办的活动,让孩子接触到社会发展的方方面面,从而引导孩子树立远大的理想。

在孩子的成长路上,家长要给予孩子有效的陪伴,但孩子的人生路最终需要他自己去走。家长的有效陪伴,能让孩子的人生旅程走得更远、更稳。

(上海师范大学附属松江实验学校 陆子扬家长杨晓惠)

学会陪伴，让孩子与你亲密无间

有人说："每个孩子都是一位天使，每个孩子都是一位精灵，他们的到来会为家庭增添欢声笑语。"我们家也是如此，从女儿出生起，我就决定要尽自己最大的努力陪她一起成长。都说陪伴是最长情的告白，我所做的就是在陪伴中支持她、鼓励她。现在，女儿已经是一个有思想、有教养、有胆识、有爱好的大孩子了。看着她每天快乐地成长、愉悦地分享，我的心里美滋滋的。

周围很多朋友说自己家孩子不写作业时"母慈子孝"，一写作业就"鸡飞狗跳"。这种情况在我们家基本没有发生过，我非常关注我和女儿之间的关系，我把自己当作女儿的朋友，我们会一起探讨或辩论，最终一起找到最佳的解决方案。我认为，尊重孩子是亲子交流的基础，而陪伴孩子又是尊重孩子的前提。孩子的成长道路并非一马平川，在陪伴中教孩子成长才是家长应该做的事。在陪伴孩子的过程中，我主要侧重于放、管、扶三方面。放即放手，管即引导，扶即扶持。

1. 放——勇敢放手，让孩子体验生活

我们家有一台饮水机，女儿小时候经常想自己去接水，但孩子奶奶总担心小家伙会烫伤自己，时时刻刻盯着孩子，只要一看到她走到饮水机旁，就及时把她叫开。后来，女儿悄悄告诉我她很想去体验一下自己接水的感觉。我心想，这说明女儿信任我，就对她说："好，但是你要保护好自己，热水是会烫伤皮肤的。"女儿信心满满地回答："我会小心的。"于是，我把电源关掉又等待20分钟后，告诉女儿可以体验了，果不其然，她烫到手了，疼得直流眼泪，她哽咽着向奶奶保证："以后再也不碰那个热水按钮了。"通过一次冷却了的热水烫手的经历让她懂得了如何保护自己，我觉得非常值得。很多时候，家长要勇于放手。让孩子体会生活中的酸甜苦辣，既有利于孩子的成长，也有利于良好亲子关系的建立。

2. 管——管教引导，让孩子明白道理

学校视力检查结果出来了——0.8和1.0，孩子全然不顾视力检查结果，回到家中一如既往地看着电视。我对她说："你是不是看不清楚视力测试表最下面的一排了呀？其他小朋友看得到吗？"她说很多小朋友是看得到的，他们的视力很好。看到她羡慕的目光，我接着说："这说明我们要开始保护视力了。"她使劲地点了点头,我紧接着问我们要怎么保护视力,这时,她主动拿起遥控器关上了电视。其实我们无须强制孩子执行某个规定,他们有自己的思想,有自己的判断能力,我们在陪伴过程中正确引导孩子是可以事半功倍的。

3. 扶——扶持有方,让孩子树立信心

现在的孩子都是家里的宝贝,会得到非常多的宠爱,但过分的宠爱和保护不仅会让孩子失去锻炼、成长的机会,还会让孩子的能力得不到提升,失去信心。所以在日常生活中,我们经常请孩子做"小老师",把在学校里学到的本领教给我们,以锻炼她的语言表达能力。我们陪她一起参加"春季迎新跑""全家讲故事"等活动,让她在提高胆量的同时学会和小朋友相处,增强社会交往能力、心理承受能力、临场应变能力。我们鼓励她自己的事情自己做。古人云,勿以事小而不为。"做小事"不仅能培养孩子的自立能力,增强孩子应对挫折的本领,也能让孩子变得自信,为适应社会要求储备潜在能量。

我主要通过以上途径来陪伴孩子,在陪伴中放手使她自立,在陪伴中适时引导,在陪伴中用心扶持,让孩子和家长的关系亲密无间。

(上海师范大学附属松江实验学校 谢雨晨家长徐娟芳)

把你编成故事讲给你听

每个女孩的心里都住着一位公主，我们家女儿也不例外。她从小就喜欢公主、爱穿公主裙、爱读公主绘本、爱看公主电影，甚至还爱模仿公主说话、走路……

记得她刚上小学那会儿，写字姿势总是不太端正，我很担心会影响她的身体发育，于是每天喋喋不休地和她强调坐姿。久而久之，她的坐姿问题不仅没有得到纠正，反而更加严重了。有一天，看着正在读公主童话故事的女儿，我突发奇想："如果我让优雅的公主来引导她养成良好的写字习惯，效果会不会很好？"说干就干，我用了一周的时间，为她量身打造了一个故事——《"骆驼"姑娘》。故事梗概如下：在遥远的童话小镇，住着一位美丽、可爱的小姑娘，她原本有一个好听的名字，但是由于她平时太不注意自己的坐姿、站姿，慢慢地，身上就长出了类似驼峰的东西，于是小镇里的人们给她取了一个外号，叫"骆驼"姑娘。后来，一位外乡人误以为"骆驼"姑娘是真的骆驼，便把她卖到了动物园。在动物园里，孤独、另类的"骆驼"姑娘终于意识到了自己的问题，开始努力锻炼身体、塑造体形，经过不懈努力，她终于蜕变成了一位优雅的公主，并且安然无恙地回到了童话小镇，和父母、亲人团聚……

女儿第一次听到这个故事时，先是为"骆驼"姑娘的不幸遭遇感到悲伤，后来又为"骆驼"姑娘在动物园中的坚强勇敢感到敬佩和高兴。渐渐地，女儿平静了下来，头低着，脸也有些红，过了好大一会儿，她像下了很大决心似的对我说："妈妈，我以后写字、看书的时候再也不趴在桌子上了。"从那以后，我果然不用再担心她的仪态问题。我也更加热衷于创作，用"谭尔摩斯公主"鼓励她勇敢探索；用"居里思田公主"鼓励她认真钻研；用"田田小公主"鼓励她乐观自信、发愤图强……伴随着这些公主的故事，渐渐地，家里的小女孩长成了大姑娘，马上就要小学毕业了。我想，在她今后漫长的人生路上，不论遇到什么挫折和困难，只要她想起小时候妈妈讲的这些故事里自己扮演的角色，就一定会充满无限的力量吧！

把你编成故事讲给你听——这是我给孩子的一份专属鼓励，也是妈妈对女儿的一片浓浓的爱！

（松江区中山小学　谭思田家长田娇）

做智慧父母,从陪伴开始

陪伴孩子成长是快乐的,但孩子成长的道路并不是一帆风顺的。作为家长,只要我们想办法、动脑筋,不轻言放弃,一定能克服困难。

让孩子始终保持学习的动力与积极性,乐于学习,一辈子都享受学习的乐趣,这是我和孩子爸爸的共识。如何让孩子拥有学习内驱力是我们一直在思考和探索的问题。

找到孩子的兴趣点,是培养孩子学习内驱力的关键。从孩子 3 岁开始,我们便留心观察孩子的兴趣点。通过观察,我们发现孩子对舞蹈和长笛特别感兴趣,发自内心地热爱,主动要求学习。所以,在孩子达到适合学习舞蹈和长笛的年龄后,我们找来专业的老师开启她的舞蹈和长笛学习之路,坚持至今。因为是自己挚爱的项目,每天到了约定的学习时间,她都能主动练习。还有一些项目,如唱歌、主持,是我们引导孩子学习的,她虽不反对但也谈不上热爱,学了一段时间后,因为时间冲突或其他原因就放弃了。值得一提的是,对于舞蹈和长笛的学习,我们只陪伴了孩子两个月左右,后边就是偶尔在孩子懈怠或不够认真时,督促和鼓励一下。这样的学习经历既培养了她自主学习的能力,也增强了她的时间观念。孩子拥有自主学习能力,有助于她形成良好的文化课学习习惯。上小学后,在老师的悉心教导下,她能独立阅读和完成作业。从上二年级开始,她还逐渐养成了上课做课堂笔记、下课整理笔记,同时做读书笔记的好习惯。

培养孩子的自主学习能力并不意味着不陪伴孩子学习,其关键是:孩子能独立完成学习时,家长绝不插手;孩子需要陪伴学习时,家长应该耐心陪同。在孩子上幼儿园时,我们会陪着她一起看英文动画片,以此来进行英语启蒙。孩子稍大一点,我们会陪她一起做科学实验,增添孩子学习科学知识的乐趣。比如,我们给孩子买了一本《统计王国奇遇记》,想引导她学习统计学相关知识。在大数据时代,统计学的思维非常重要,并且在中小学教材中,统计学知识占的比重也越来越大,但上二年级的孩子想完全搞懂统计学知识是非常困难的,于是,我们为孩子选择了这本以童话故事的形式来写的书,孩子对书中的内容很感兴趣。在读到统计学著名实验——伯努利实验时,孩子爸爸和孩子一起完成了扔硬币实验和掷骰子实验,让孩子真正理解了随机现象。通过做实验,孩子对此类知识更加感兴趣了。总而言之,这种简单、易操作的实验既能激发孩子的学习兴趣,又有助于培养亲子关系,是一种非常有效的陪同教育方式。

我们陪伴孩子学习不局限于学业,而是涉及生活的方方面面。空闲时间,我们会跟孩子一起做家务。孩子现在可以烧制一些简单的菜,这让我们感到很自豪。平时,我们会一起做寿司、饭团、虾卷、肉丸等。在孩子的陪同下,我们自己的烹饪水平也有了很大的提升。跟孩子共同学习,家长也会有所进步。

最后要说一点,家长要尽可能地包容孩子的缺点,谅解孩子的错误,不要因为孩子在某个阶段落后就对孩子失去信心,而是要用长远发展的眼光看待孩子的成长之路。世界上没有完美的孩子,也没有完美的家长,让我们陪着孩子一起学习,共同成长。

(华东政法大学附属松江实验学校　胡泽雅家长刘晓倩)

陪伴，助力孩子在阳光下成长

不知从何时起，孩子回家后不愿意和家人多说一句话！

我的叮嘱，换回他的一句"别唠叨了"。爷爷奶奶的关心，也总是会换回一句"烦死了"。

我想要了解他每天在学校的情况，经常会被他"吭"的一声挡在门外！我想要了解他的学习成绩，他会用一句"还好啦"敷衍过去……

他的学习成绩像他躁动的情绪一样上上下下起伏不定！在我苦恼、焦虑的时候，孩子爸爸总是说："不要急！不要急！"

周末，我和孩子爸爸放下所有的家务、工作，约上儿子到郊外骑行。初春的天空格外明朗，一路上悦耳的鸟鸣也使人身心愉悦！孩子爸爸和孩子在我前面边骑车边聊天。父子俩聊天文、聊历史，从古埃及法老聊到原始北京人，从货币的起源、用途及货币战争聊到数字货币、投资理财……两人还互相出题考对方，地理、诗词、生僻字，真的是无所不谈！我因自身地理、历史文化知识贫瘠而完全插不上嘴。这时，我才发现，儿子不知道什么时候读了那么多课外书，了解了那么多课本之外的知识！看着他打开话匣子，滔滔不绝地和爸爸讨论着，我由衷地感到欣慰！我当然知道，为了可以和孩子顺畅沟通，孩子爸爸偷偷花了多少时间了解文史知识、查阅资料、听百家讲坛，昨天直到深夜，他还在看孩子看过的历史剧呢！

有时，我们会带孩子去图书馆。儿子和爸爸每人会选一摞书津津有味地读起来。一张桌子、一把椅子、一杯饮料、一本书，原来，没有硬生生的补习班也可以学习到这么多的知识！正在追剧的我也关掉手机，从书架上抽出一本张爱玲的小说。就这样，我们一起安安静静地度过了整个下午的时光。回家路上，看到儿子背着一包沉甸甸的新书，我不再有埋怨，也不再担心。

晚上，我轻轻推开书房的门，儿子还在整理笔记，做试卷，记录错题。我把热好的牛奶放在桌上准备出去，儿子抬起头朝我笑着说："妈妈，谢谢！"

那一刻，我感觉到孩子长大了。从他第一次用小手抓着妈妈的手迈开第一步，到他背着小小的书包走进幼儿园，再到他第一次拿到100分开心地与妈妈分享，我都陪在他的身边！现在他长大了，高得我要抬头才能看到他的笑容，我能陪伴他做的事却越来越少,我对他的关爱也越来越少,似乎只剩下了无尽的埋怨。

我决定改变自己的行为。当儿子没有考到理想的分数,沉默不语、不敢与我对视时,我对他说:"你的数学成绩比我的数学成绩好多了呢!"然后,我们一起坐下来分析错题,整理思路。后来,他会主动告诉我,他的语文作文不太好,他会多读一些范文和课外书籍;他的英语阅读理解失分较多,他会多花一些时间背单词。这时,我不再为他成绩不佳而感到生气,而是希望和孩子一起进步,因为我明白了,我爱的是这个可爱的大男孩,并不是他考试的分数。

都说家长是孩子最好的老师,初为人母的时候,我对这句话的理解并不深刻。此时,我才明白,孩子的成长一如在阳光大道上前行,家长需要给他时间和鼓励,哪怕路上起起伏伏,孩子会跌倒,但有我们陪伴,孩子自然会茁壮成长。

（松江区佘山学校　刘宇轩家长周峰）

慢慢陪伴孩子长成美好的模样

在大家眼里,我们家孩子是一个阳光、有爱心、积极向上、懂得自我管理、家长不用为他操心的孩子。说起他的成长,作为家长,我的脑海里只有四个字——用心陪伴。这种陪伴不在于时间的长短,而在于相处时用心投入,高质量地陪伴孩子成长。

1. 做好孩子的榜样

我的孩子非常喜欢运动,特别是游泳和踢足球。我从一篇文章中了解到,孩子要想真正掌握一项技能,至少要坚持三年。当然,训练的过程是很艰苦的。比如,踢足球是一项全天候的运动项目,训练时不分寒冬和酷暑。孩子的训练时间基本都安排在周末,如果没有特殊情况,我都会陪他一起上课。无论是高温,还是刮风下雨,我都会站在场边,没有雨伞,没有太阳镜,没有小板凳,一直处在跟孩子同样的严苛条件下,因为我相信,当孩子的身体处于极限状态时,当他想要放弃时,他会看一眼场边的父亲。此外,只要孩子学校举办生日会、家长会或其他活动,我和孩子妈妈都会协调好时间,带他积极参加。我们要让孩子看到我们对他的重视,感受到我们做事的态度。

2. 积极发现孩子的兴趣点并尊重他们的爱好

我们知道,每个孩子在成长的路上都需要被认可,需要建立自信。作为家长,我们要不时给予孩子鼓励、肯定和温暖,支持他们追求自己喜欢的东西。在信息时代,很多孩子对各种网络游戏感兴趣。对于这种现象,我的观点是,孩子不可能与游戏绝缘,但家长要引导孩子,让他们对其他事物产生更大的兴趣,转移他们的注意力。我尝试让孩子接触魔方,并帮他在网上下载了一个教学视频,引导他自学。孩子从最基本的二阶魔方开始,逐步攻克难关,升级为三阶、四阶、五阶。在得到肯定后,孩子挑战自我的信心大大增强,深深地迷上了魔方。在这个过程中,我也了解了孩子遇到问题时的思考方式和解决问题的能力。

3. 采用良好的沟通方式

很多家长每天忙于工作,与孩子交流的时间少之又少。孩子每天的生活丰富多彩,他们一定会有各种各样的感悟。这就要求家长和孩子之间建立良好的沟通渠道。我每天会利用孩子睡前的 10 至 15 分钟时间进行"睡前提问"。说是提问，其实内容很宽泛，哪怕是孩子某天在学校遇到的一件小事，我都会认真倾听并适当地给他提建议。有时，孩子提的问题超出了我的知识范畴，我很难准确地解答，我便给自己留作业，查好资料，等到第二天来解答，绝不会敷衍了事。如果家长态度敷衍，孩子往往能明确感知到。

　　家长用心陪伴，能够换来和谐的亲子关系。家长平日里的一言一行会影响孩子的习惯养成，孩子在这样的岁月中会慢慢长成美好的模样。作为家长，在和孩子一起成长的过程中，我也看到了那份美好。

（松江九峰实验学校　刘禹辰家长刘俊峰）

爱踢球的孩子

孩子上幼儿园中班时，我们商量着让他参与一项户外运动，一是为了锻炼身体，增强体质，二是为了培养孩子的团队合作意识。

男孩普遍适合打篮球和踢足球这两项运动，为此，我们买来了两种球，在周末的时候带孩子去公园里和草地上体验了一遍，最后，孩子选择了踢足球。于是，在他五岁生日后，我们加入了松江大学城的一个少年足球俱乐部。

孩子身体瘦弱，正常跑步时偶尔也会摔倒，更别提带球与人对抗。我们做了充分的思想准备后开始了足球训练。第一个学期，孩子的跑步速度、体力、带球和控球能力都是球队中垫底的。作为家长，在场边看到他不断地摔倒，被其他队友嘲笑，我们内心非常煎熬，但也希望孩子能迎难而上，坚持不懈。

为了鼓励孩子坚持，我和孩子爸爸做了三件事情。第一，和孩子分享我小学时参加女子排球队训练的经历。当时，我的个子不高，在球队没有优势。与老师沟通后，我学会了扬长避短，坚持练习发球、垫球、吊球的基本技能，在坚持了两年后，我成为学校女子排球队的主力队员，并代表学校参加了长沙市学生运动会，还获得了奖牌。第二，陪着孩子观看动画片《足球小将》，让他感受到足球运动的激情和快乐。第三，在他每次训练时，孩子爸爸和我会绕着球场进行长跑，陪同他一起锻炼。

第一个学年，无论酷暑寒冬，我们都会坚持陪伴孩子参加每一次的训练，孩子在球场上锻炼，我们绕着球场跑步。第一个学年结束时，孩子所在俱乐部的负责人被我们以身作则的精神和孩子的坚持不懈所感动，主动找到我们，希望每周五晚上无偿给孩子补课。

在那之后的每周五下午，我们都会跟单位请假一个小时，提前下班，带着孩子参加训练。我们认真观察孩子的训练过程，带他反复练习相关动作。

教练告诉我们，孩子的足球技能有所进步，需要加强核心力量，我们便开始陪着孩子进行体能锻炼，每天跳绳、深蹲、做平板支撑和俯卧撑等。训练过程非常枯燥，孩子爸爸每天跟孩子一起锻炼，而我也规定自己每天跳绳1000个。

第二个学年，我们发现孩子在足球方面进步明显。于是，我们每次在场边认真看他踢球的同时会记录他的不足,在回家路上和孩子分析他的进步之处、不足之处,以及其他队员身上值得学习的地方,告诉他每个在场队员应该发挥什么作用、教练为什么要求大家做这些事,引导孩子在思考中提高球技。

孩子进入小学一年级后,球队发现了他的进步,将他编入一年级组。孩子训练两周后,感到了明显的不适应。之后,我们与球队商量,让孩子回到他熟悉的球队中去。我们帮助孩子在实战训练中理解如何与队友配合,充分发挥自己的优势。

后来,孩子代表俱乐部参加了对外比赛,开场五分钟进了两个球,并坚持踢满全场。作为家长,我们很自豪,孩子也真心体会到了足球的魅力和团队的荣誉感。

很多朋友不理解我们为什么要风雨无阻地送孩子去踢球,孩子的祖辈也认为孩子太辛苦了,可是我们却始终不忘初心,坚持陪伴孩子参加训练。我们相信,孩子通过足球锻炼获得的体验和品质将使其受益终身。

教育应该以终为始。在讨论教育的时候,我们需要看到中国的教育现在处于什么发展阶段,与其他国家的教育有何差异;我们需要思考我们教育的目的是什么,我们要把孩子培养成为什么样的人,以及当未来的社会环境发生较大变化时,孩子将展现一种怎样的姿态。

我们希望孩子健康、自信,带着笑容,两眼放光地出现在我们面前。为了那一刻,我们会用心陪伴孩子。锻炼身体是一辈子的事情,当持之以恒、百折不挠。我们希望孩子无论遇到什么困难,总能积极乐观地面对,并能结合自己的实际情况找到解决方法。我们希望孩子心理健康,能控制自己的情绪,成为情绪的主人。我们希望孩子爱好读书,书籍是可以陪伴他一辈子的朋友和导师,能够让他在前行的路上增强信心,无所畏惧。如果孩子找到了自己的兴趣爱好,时常做自己喜欢的事情,他便能体会生命的美好,成为内心丰盈的人。我们希望孩子可以用善良、同理心和爱照亮自己的未来之路。

这就是我们对爱踢球的孩子的期望,我们会一直用爱陪伴他体验美妙人生。

(松江区泗泾小学　晏麒沐家长曹佳)

陪伴孩子成长

孩子的成长离不开老师的谆谆教导,更离不开家长的一路陪伴。从孩子出生起,如何教育好他,让他变得优秀,就成为我们一直在思考的课题。

教育孩子确实是一道难题,需要我们耐心面对。孩子成长的每个阶段都离不开家庭对他的影响,孩子性格的养成、学习习惯的形成等都离不开家长平时对他的教育。因此,我觉得,家长应该从自身做起,营造良好的家庭氛围,平时多带孩子参加社交活动,帮助孩子养成良好的学习习惯。

孩子在学前阶段时,对于育儿,我们了解得并不多,只好通过各种方式来汲取经验。通过学习,我们知道了要让孩子形成良好的品格,家长要营造良好的家庭氛围。因为孩子在这个阶段处处以我们为榜样,我们参与家务劳动的情况、对待家人的态度、处理家庭关系的方式都会影响他对家庭的观念,所以,我们选择避开他来处理一些家庭矛盾。

孩子进入小学阶段,我们重点帮助他养成良好的学习习惯,引导他合理地规划自己的作息时间。这时,孩子接触的电子产品越来越多,我们知道不少孩子深受网瘾毒害。直接杜绝孩子使用电子产品是不现实的,因为电子产品也有很多好处,比如,能开发孩子的智力、增加孩子的知识面和锻炼孩子的反应能力,但网络资源的质量是良莠不齐的,我们要监督孩子用好网络,合理安排上网时间。在这个阶段,我们要多带孩子参加一些社交活动,如亲子活动、亲戚朋友聚会,带他参观博物馆和自然景点等,在拓宽孩子知识面的同时,让他学会处理人际关系。

孩子进入初中阶段,往往也是我们家长最为头疼的时候,因为我们都知道这时孩子会进入叛逆期。在这一阶段,我们的教育方式要有所改变。孩子不再像以前一样听我们的话,所以,我们一定要控制好自己的情绪,耐心给予孩子正确的引导,尽量不要让孩子产生排斥的心理,对孩子的引导要放在他情绪稳定的时候,而且要做到恰到好处。我们要关注孩子在家学习和生活的情况,也要关注他在校的情况。记得有一次,我整理好自己的心情和他谈关于早恋的问题,我当作什么都不知道,问他在学校里有没有爱慕的女孩或者有没有女孩爱慕他,刚开始他觉得很尴尬,一直在逃避这个话题。为了避免他的尴尬,我就以过来人的身份对他说:

"在你这个年龄段的时候,我也有爱慕的女孩,在这个年龄段,我们对异性产生爱慕、有好感是很正常的事,没什么难为情的,但是人在每个年龄段都应该做这个年龄段的事,你现在这个年龄段最应该做的事就是学习,踏入社会后,如果你还能和现在爱慕的女孩走在一起,那就是缘分了。"话说到此,他也就放开了,没有了之前的抵触情绪,而且他也非常认同我的观点,我教育孩子的目的达到了。

孩子还在成长,一路上遇到的事情还有很多,我们家长也会有很多困惑,如何教育好孩子确实是一本难念的经,但愿我们的用心良苦不要变成我们的一厢情愿。我们要懂得控制自己的情绪,充分利用自己的时间,用足够多的耐心来陪伴孩子,和孩子像朋友般相处,和孩子共同进步,一起成长。

(松江区张泽学校　陆辰宇家长陆斌)

成长之路

每个孩子都是独一无二的,作为家长,我们养育和教育他们的方式也应该有所不同。在这个多元化的时代,信息瞬息万变,知识日益更新,我们应该怎样引导孩子,才能让他们健康成长呢?

在孩子成长的路上,有许许多多的东西需要我们去教会孩子,其中,我认为以下几方面的内容一定要教:(1)要让孩子懂得尊重他人,做一个善良、有教养的人;(2)要让孩子诚实和有敢于承担错误的勇气,做一个能独立面对问题、不逃避、不退缩的人。

下面我就说说生活中的几件小事。

我有两个女儿,大女儿快要九岁了。在大女儿四五岁的时候,有一个周末,我们带她去公园玩耍,她喝完矿泉水准备去丢瓶子时,一位穿着破旧衣服的老奶奶叫住她,要她把瓶子给她。女儿害怕得跑开了,我赶紧捡起她慌乱中扔在地上的瓶子,递给了那位老奶奶,老奶奶笑着说谢谢。女儿很不解,问我:“妈妈,老奶奶为什么要捡我们的瓶子? 水都喝完了,瓶子有什么用? 多脏啊!”我突然脸上一热,用很失望的表情看着她,但我想了一下,这是因为我们没有教过她如何看待这样的人和事。我蹲下来握着她的双手告诉她:“孩子,老奶奶捡瓶子是为了赚钱。她年龄大了,可能没有足够的钱去维持生活,也可能没有其他本领去赚钱,所以就要靠捡瓶子来卖钱。她可能很辛苦,看上去也很脏乱,但是不丢人,她在靠自己的劳动养活自己。我们不应该嫌弃她,要懂得尊重她,用善良的心去对待她。你明白了吗?”女儿点了点头。从那以后,每次在路上、大街上遇到这样的人,她都会主动送上自己喝完的饮料瓶,并给他们以最真诚的微笑。

2020 年夏天,我两岁的小女儿在房间门边转来转去,把手指放在门缝里玩。粗心的大女儿从房间里走出来,没有注意到妹妹,关了房间的门,夹破了妹妹的手。小女儿当场就撕心裂肺地哭了,令人心疼。我听到动静赶紧跑过来问:“是不是你关门时夹到了妹妹的手?”大女儿一直说不是,然后也吓得哭了起来。小女儿因为太小,根本说不出个所以然来,但我们一看就知道肯定是大女儿做的。我当时心里很想教训大女儿,因为这是一件很危险的事情,但是我忍住了,毕竟大女儿也只是一个孩子，我想给她一个机会。

看到小女儿的手肿起来了，我心疼得流眼泪了，估计是看妹妹这样，大女儿害怕了，就说："妈妈，要不要带妹妹去医院？其实……"后面，大女儿又不说话了。我说："孩子，你有啥事就和妈妈说，没关系的。"她说："对不起，妈妈，是我不小心关门时夹到了妹妹的手，我没有看到妹妹的手在门缝里。"或许是因为委屈害怕，又或许是因为心疼妹妹，大女儿说完便放声大哭起来。我抱住她说："你很棒，能勇敢承认错误，不害怕承担责任，不逃避，不退缩。因为你犯了错，今天就罚你给妹妹喂饭，可以吗？"她抹去眼角的泪珠，一直点头。

在成长的路上，孩子会犯很多错误，会遇到很多不会解决的问题。我们作为家长，要教会他们如何处理问题，而不是在孩子犯错时情绪化地处理。我们要站在孩子的角度去思考，要注意方式方法。

孩子有选择自己想要的东西的权利，有表达自己意愿的权利，我们要给孩子足够的爱，要给孩子自由，但是一定要有边界。我们需要去放手，但是一定要有规矩，就像放风筝一样，手里一定有一根牵着风筝的线，时拉时放，这样风筝才能越飞越高！

（松江区古松学校　蔡晓颖家长彭雪玲）

我们一起学习

一天,女儿突然对我说:"我好想回到小时候。"我很诧异:"你现在就很小呀!你为什么会有这样的想法?"原来,她怀念的是上幼儿园时每天回家后都可以尽情地玩耍,无忧无虑,爸爸妈妈对她没有什么要求。女儿委屈地说:"上幼儿园时,爸爸妈妈都很爱我,从来不会吼我。现在不一样了。"

我想,这是她压力大的表现,枯燥的学习日复一日,而我不仅没有站在孩子的角度看待学习,还总是用成年人的思维去要求她、衡量她。我总是想:这么简单的题,明明讲得很清楚了,她怎么就不理解呢?这么简单的题,她却做得那么慢,她是不是太笨了?前几天讲过的题,她今天为什么又不会了……一想到这些,我马上火冒三丈。我和女儿原本和谐的亲子关系撕裂了,孩子爸爸也不再是好爸爸了,女儿好像也没有之前聪明可爱了。女儿那天的话让我开始反省,我决定从自己身上找原因,不以自我的认知判断题目的难易,不给女儿这大的压力。那么,我要如何辅导女儿学习呢?我想到了和女儿一起学习。

我先从英语入手。一有时间,我就陪女儿看英语动画片。我选择的是迪士尼经典英语动画片,经过长时间的磨耳朵,我发现女儿的听力水平和词汇量有了很大的提高,也愿意模仿动画片里的人物用英语讲话。看好动画片后,我们用里面一些简单的对话和单词进行交流,比赛看谁发音标准、表达准确,妈妈做裁判,她总是赢多输少。慢慢地,孩子对英语产生了浓厚的兴趣,自信心得到了极大的提升。我们也经常以游戏的形式一起学习校内的英语,比如让女儿当老师,提问题,我们来回答,看谁先累积到 10 分。有时候,女儿会和爸爸一起做学生来比赛学习。这些都极大地激发了女儿学习英语的兴趣,提高了女儿的学习积极性,我也没那么担心了。

我会在女儿学习时看看她的各科教材,以及各科老师发的学习建议,然后再去指导女儿学习。家长只有对孩子的课本内容了然于胸,及时了解现行教材的知识结构及老师的教育方法,才能更加科学地辅导孩子而不至于误导孩子。这一点在孩子上网课时我体会最深,那段时间,我陪孩子上课,了解了各科老师上课时孩子的真实状态,了解了各科老师科学的教学方式,我也相应调整了引导孩子的方式方法,提高了辅导孩子的效果。

家长专心的陪伴和正确的引导能激发孩子对学习的兴趣,让孩子从原本枯燥的学习中获得快乐。

最后,我想引用之前看到的一段话与大家共勉:教育就是一棵树摇动另一棵树,一朵云推动另一朵云,一个灵魂唤醒另一个灵魂。教育不仅仅是学校老师的事情,更是家长自己的事情。家长与其用语言的利剑攻击孩子,不如用行动的小舟陪伴孩子。

(上海师范大学附属松江实验学校 刘醒录家长刘化青)

拥抱内心,温暖心灵

在热播的综艺节目《我就是演员》中,马嘉祺出色的演技赢得了评审老师的认可,在回答主持人的问题时,他表示自己是本色出演,剧目《温暖二重奏》中的父亲一角跟他现实生活中的父亲很像——不善于与孩子交流,他希望父亲以后能多拥抱他。这听起来让人觉得很心酸,我想,孩子想要的拥抱不只是表面的拥抱,更是内心的拥抱和心灵的温暖。

当孩子情绪低落时,家长给予及时的安慰和鼓励会让他们尽快从负面情绪中走出来。记得有一次,我一进门就看到女儿举着练习卷开心地说:"妈妈,我数学全对,得了 A＋!"我一边拥抱她一边说:"你真棒!"我又顺口问了一句:"那英语呢?"女儿低下头没有说话。等吃完晚饭,我偷偷去女儿的书包中翻看了一下,是"B"。女儿之所以不说,心里一定有所挣扎,她想得到别人的赞赏,不想被批评,她隐瞒了自己低落的情绪。晚上睡觉的时候,我告诉她:"成绩不重要,只要你把没掌握的知识学会了,比昨天的自己有进步,不管你考到什么等第,妈妈永远爱你!"然后,我给了她一个大大的拥抱,她眼睛里含着泪花说:"谢谢妈妈!"用理性去引导,带着温度去感受,或许是我们能够给予孩子的最好的回应。

当孩子说谎时,家长因势利导,防微杜渐,分析孩子撒谎的原因并对症下药,才能让孩子更好地成长。如果孩子撒谎是为了得到某样东西,家长可以和他们商量得到东西的好办法,比如先用自己的劳动来换取报酬,再购买自己喜欢的东西。如果孩子撒谎是因为害怕家长惩罚,家长需要给予孩子足够的宽容。寒假中的一天,女儿在家用平板电脑玩游戏,我和孩子爸爸下班回家问了她几次,她都说没玩,当我们拿着历史记录证明给她看时,她变得很紧张,低着头双手抓着衣角揉来揉去,仿佛在等待接下来的判决。这时候打骂孩子不能从根本上解决问题,孩子爸爸告诉她,撒谎会让人失去他人的信任,她想玩游戏是可以的,但有两个条件:一是要控制时间,二是玩的游戏种类需要经过家长的筛选。女儿心理上得到了舒缓,欣然接受了爸爸的条件。育儿专家鲍姆林德说:"正确的教育方式应该是既约束孩子的行为,又让他感觉到温暖。"

当孩子与孩子之间发生矛盾、争吵时,家长不要轻易地评判孩子的对错,应该聆听孩子的心声,站在孩子的角度去探究问题背后的原因并加以解决。

一天晚上,两个孩子在客厅画美人鱼,大女儿边画边兴致勃勃地构思,还拿了空气泥为大海和鱼鳞做点缀,小女儿在旁边用画笔画她眼里的美人鱼,奶奶走过来很开心地夸小女儿:"哇,你画得太好了!"这时,大女儿不屑地说:"她画的是什么呀,一点儿也不好看!"小女儿不服地吼道:"哼,你的画才奇丑无比!"眼看着姐妹俩马上就要进行一场"厮杀",我赶紧把她们拉开,姐妹俩不欢而散。我把大女儿带到卧室说:"妹妹画的画是没你的画好看,但她没学过画画,我们应该鼓励她。"结果,大女儿撕心裂肺地哭着说:"我就是觉得丑!"等大女儿平静后,我才了解到她认为奶奶偏爱妹妹,平日里奶奶喜欢夸妹妹,忽略了她的感受。我跟奶奶沟通以后,误会解开了,奶奶也开始注意自己的言行。身为两个孩子的家长,我们要让孩子感受到家人的关心,让他们觉得自己永远是独一无二的,不被比较,不被忽视。

美国作家爱默生说:"孩子最终成为什么样的人,主要取决于他从第一个教育者那里所接收到的爱的质量、陪伴和榜样示范。"家长是孩子的第一任老师,教育下一代是一个全面探索、自我反思、共同成长的过程,家长要关注和陪伴孩子,了解和理解孩子,从内心拥抱孩子,彼此照拂,一路向前!

(松江区中山永丰小学　王欣玥家长霍晓红)

专题四

习惯养成

用心滋养出爱阅读的孩子

常有同伴问我:"宁宁妈,你们家孩子懂那么多的知识,他是不是很爱读书?"是的,宁宁对很多东西都有好奇心,喜欢读书,喜欢问问题。其实,这是十一岁的孩子应该有的状态,可是,很多家庭在这方面却出现了问题。

有人说:"我家孩子不爱读书,就喜欢玩电子游戏,我们天天让他读书,他从来都不听。"也有人说:"我家孩子只喜欢看漫画,读不进去字多的书。"还有人说:"我家孩子倒是读书,但语文成绩还是不好,读书有用吗?"在我看来,大家都把读书看得太严肃了,让孩子带着目的去读书,孩子自然就会觉得累,心里面排斥了,读书效果当然不会好。所以,让孩子爱上读书,最关键的是要营造一种轻松愉悦的氛围,让孩子快乐地读书。而这样的氛围,需要家长用心来营造。

1. 伴读时期的耐心

伴读时期大体是指从孩子出生到上幼儿园中班的这一时期。很多家庭在孩子很小的时候就开始了亲子阅读。从字卡到绘本,从中文到英文,他们在买书方面花了大量的资金,但是,阅读却进行得很艰难。我想,他们遇到的问题主要集中在:孩子坐不住、不愿意听、总是听一半就跑掉了,或是孩子一直要读同一本书,不愿意读下一本。这两种情况非常考验家长的耐心。在伴读的过程中,家长往往需要付出艰辛的劳动。

这一时期,在孩子眼里,书跟玩具是一样的,家长可以把陪伴孩子读书当作陪伴孩子玩玩具。如果孩子坐不住,就让他们随便去玩;当孩子玩得累了、依偎在身边时,家长不妨用夸张的语调,形形色色的拟声词,从绘本故事开始,给孩子读书,慢慢地,让孩子觉得读书是一件特别好玩的事情。这样,孩子愿意听故事的时间就会变得越来越长了。

如果孩子只喜欢读某一本书,家长也不要着急,每个孩子都有这个阶段。熟悉的故事能给他们带来掌控感,家长一遍遍地配合他们,每次都像读新故事一样热情,孩子就会保持对读书的兴趣。而这种只喜欢读某一本书的情况,随着孩子的成长,慢慢就会有所改变。

此阶段比较忌讳的是让孩子带着认字的目的读书。如果家长抱有这样的目的,孩子必然会出现急躁的心理。对于天生是心理学家的孩子来说,如果他们感受到了家长的焦虑,读书立刻就变得不愉快了。事实上,只要孩子有阅读的热情,久而久之,认字就是顺理成章的事了。

2.过渡时期的包容心

所谓过渡时期,是指孩子上幼儿园大班到上小学三年级这一时期。这一时期,儿童心理和阅读内容相较前一阶段有很大的变化。在我看来,让孩子养成阅读习惯,抓住过渡时期是非常重要的。

过渡涉及两方面:一是指阅读内容的过渡,即从以图为主的绘本逐渐变成图文并茂甚至以文字为主、偶有插图的桥梁书;二是指阅读习惯的过渡,即从亲子共读过渡到独立阅读。这样的过渡是很多家长非常美好的愿望,但在实践中却有很多困难。很多孩子始终不愿意读书,就是因为在这一阶段没有过渡好。根据我的经验,家长在这一阶段最需要的是包容心,表现为三个"允许"。

(1) 允许孩子"挑食"。在经历了漫长的亲子阅读阶段后,我无数次地想从时刻陪着孩子读书的状态中解放出来,梦想着孩子能自己捧一本书到旁边去看,但却屡屡失败。有一段时间,我从图书馆借了一些书回来,宁宁每天都会抱着那本《父与子》看。这本书虽是漫画中的经典,但是由于内容简单,不是我心中最理想的读物。我一直想引导宁宁换书,想让他读不同类型的书,可宁宁不愿意。但是,一段时间后,我发现宁宁在读得哈哈大笑的同时,做到了独立阅读。

(2) 允许孩子继续依赖。上一年级的时候,本来已经能够半自主阅读的宁宁,有一段时间又不肯自己读书了,总是要我读给他听。虽然有点沮丧,但我很快调整了自己的状态。当然,阅读深度不能跟伴读阶段完全一样,我得从多方面入手。我选择了《中国童话》,这套书有 36 本,故事生动有趣,语言符合儿童心理。睡前故事时间,我和宁宁坐在床上。我飞快地浏览故事的内容,在朗读时把最有意思的内容预留出来,并在他听得眼神发亮时邀请他进行角色扮演。很快,他就上当了! 在听我读完精彩部分,迫切地想知道结果的时候,他就自己去"追"故事的结尾了。这套书的每个故事都有近两千字,他自己反复阅读后,独立阅读的能力提高了很多。

(3) 允许孩子自由安排。孩子阅读过渡时期的状态特别需要保护。有时候,宁宁想先读书再写作业,可以! 有时候,他想晚睡,多读会儿书再睡,可以! 有时候,他想先读会儿书再吃饭,可以! 有时候,他什么书也不想读,可以! 总之,不要在孩子想读书的时候不让他读书,也不要在他不想读书的时候强迫他读书。让孩子在自由、放松的状态下阅读,他们自然会喜欢读书。

3. 自读时期的平常心

养成阅读习惯后,孩子就不大会"挑食"了。他们开始像海绵一样,吸收周边的信息,阅读的触角不断伸长,阅读的视野不断扩大。在这一时期,家长需要摒弃功利的目的,以平常心来面对。无论孩子的阅读是否显现出明显的成果,都不要在意。事实上,世界绝不会亏待一个爱读书的孩子。家长要想尽办法增加孩子阅读的广度和深度。从书的选择上来看,文学、历史、哲学、艺术、科普都可涉猎,即鼓励孩子进行广泛意义上的大阅读。我通过以下方法来促进孩子阅读。

(1) 选择合适的书。这一时期,家长应该选择适合青少年的桥梁书,如《写给儿童的中国历史》《写给儿童的中国地理》《DK 博物大百科》等。文学方面,建议以长篇儿童文学作品为主,如《宝葫芦的秘密》《草房子》《夏洛的网》《绿山墙的安妮》等。

(2) 巧用辅助手段。当孩子觉得累的时候,听书是一种很好的选择。现在,网络平台上的资源非常丰富,家长可以根据实际情况选用。另外,纪录片、电影、音乐也是非常好的辅助工具,家长可以在适当的时机借助这些工具促进孩子阅读。

实践证明,这些辅助手段和纸质书阅读结合在一起,可以为孩子营造一个丰富立体的阅读环境,并让孩子的读书经验在生活中得到印证,这有助于滋养孩子的精神世界。这些事无论早晚,做了总比不做好。如果家长想让孩子走得更远,那就要尽早帮助孩子养成阅读的习惯。

总之,在亲子阅读的路上,只有家长十分努力,才能让孩子看上去并不费力,毕竟最早陪伴孩子成长的人是家长。

（松江区李塔汇学校　左之宁家长张博）

感恩常伴

——让水滴化为泉涌

每个人都应该学会感恩。感恩，对于现在的孩子来说格外重要。一个懂得感恩的孩子会从心底感谢帮助过自己的人，感谢父母、长辈的养育之情，感谢老师的教育之恩……这样的孩子内心往往更为善良豁达，今后的人生道路也会走得更精彩。那么，如何培养孩子的感恩之心呢？

古人说："受人滴水之恩，当以涌泉相报。"家长作为孩子的第一任老师，必须在家庭生活中把引导孩子学会感恩这件事作为重中之重。家长的一言一行都会在潜移默化中深深影响孩子。我和孩子爸爸在上海打拼十余年，所遇见的贵人数不胜数，我们深知能有今天的成就离不开当初那些贵人的相助，所以，除了心存感激，我们也在用实际行动回报、感恩他们。

家长对于孩子的感恩认知教育容不得半点马虎。可惜的是，等我们明白这个道理时，大女儿已经上小学了。记得那是她小学开学第一天，我开车把她送到了校门口。一位志愿者过来帮女儿拉开车门后说："小朋友，早上好！"我点头道谢后看向女儿，等着她的礼貌回应，而她居然一言未发，背上书包下车后头也不回地进了校门。当天晚上，我让孩子爸爸提前下班，拉上大女儿和还未上幼儿园的小女儿一起，召开了一次紧急且重要的家庭会议。我问大女儿："你早上在校门口是不是忘记做什么事情了？"她疑惑地看着我："有吗？""妈妈送你上学、志愿者帮你开车门，你没有感谢我们啊！"我有些不开心地说。大女儿挠挠小脑袋，无辜地看着我："为什么要说谢谢？上幼儿园时，奶奶接送我，也没有让我说谢谢呀！"我和孩子爸爸一时无言以对……

回想起那几年对于大女儿的教育，我们真的很不称职，这也是多年后我们心中难以平复的痛。大女儿的幼儿园生活几乎是由奶奶一手包办的，我白天上班，晚上回家后累得没有太多精力陪伴孩子，孩子爸爸则是常常忙到半夜孩子睡了才到家。这样的状况一直持续到小女儿出生，我逐渐开始减少工作，把重心放在孩子身上。

那次事件后，我们"痛改前非"，言传身教，双管齐下。在家里，我们常常做一些亲子互动、情感分享类的游戏:定期让孩子写下给过她们帮助的人的名字,再想想该如何报答这些人。此外,我积极参加孩子学校的家长委员会,带领孩子参加各类公益活动,一步步引导她们将感恩的心放大,成为可以给身边人带来光和热的有爱心的人。

不久后发生的一件小事,让我非常欣慰。临近教师节的一天晚上,大女儿早早地写完作业后翻出画笔和彩纸,拉着妹妹进房间不知道干什么去了。过了许久,两个小家伙抱着一叠用彩纸折成的卡片给我看,我好奇地打开了,原来全是大女儿写给老师的贺卡。大女儿在一张张彩色卡片上工工整整地写满了对老师的深深祝福,如"庄老师,教师节快乐!感谢您那天帮我扎头发,您扎的蝴蝶结真好看""余老师,节日快乐!感谢您那天耐心地辅导我做数学题"。大女儿稚嫩且真诚的祝福语,表达出了她内心对老师浓浓的感激之情!突然,一张贺卡映入眼帘,上面用歪歪扭扭的字迹写着:"妈妈,祝您节日快乐!"我好奇地问:"这是谁写的呀?"小女儿举手说道:"这是我写的!"我笑着问:"你为什么写给妈妈呀? 妈妈不是老师呀!"小女儿捂着嘴笑:"在家里,妈妈就是我们的老师呀! 我要感谢妈妈!"那一刻,我眼里流出了感动和喜悦的泪水。

很多年过去了,孩子们已然养成了感恩的习惯。她们不仅会感恩帮助过自己的人,也会感恩身边平凡的工作者。遇到素不相识的收废品老人、独自过马路的老人或孩童、年迈的环卫工人等,她们都会驻足观察,看有没有她们能帮得上忙的地方。

以慈悲之心感恩生活中遇见的人,从所做之事中获得的快乐是无穷的。让孩子学会感恩、懂得感恩,是家长一生的福气。

(松江区第二实验小学　李若萱家长孔方琴)

扣好人生的第一粒扣子

——从培养孩子的自理能力做起

从孩子出生开始，我就有了家长的身份。孩子的成长之路，也是我作为家长的修炼之路。十余年来，我一直在学习如何做一个智慧的家长，其间可谓是酸甜苦辣咸五味俱全。相信大部分家长或多或少都学习过一些育儿方法，这些方法可能来自书本、朋友、媒体或是自己的总结。然而每个孩子都是不同的个体，实践经验告诉我们，育儿方法不能生搬硬套，很多育儿观点也在实践中不断地被修正。但有一点是我始终坚持的，那就是要培养孩子的自理能力。

1. 利用兴趣培养孩子的自理能力

我儿子出生时体重偏轻，医生嘱咐要多喂多吃，就是医生的这一句话开启了他"吃货"的人生之路。儿子幼儿园毕业前的成长手册上，老师评价他的第一句话必定是"吃饭好"。由于儿子对美食情有独钟，对各种食材也很感兴趣，我经常带他去菜市场买菜，教他认识各种各样的食材。因为爱吃，儿子也有兴趣自己动手做美食，我会利用各种机会鼓励他自己动手，如包饺子、包馄饨、烧饭、炒菜，虽然每次都要替他收拾残局，但我仍认为这很有意义。记得在他十岁那年的暑假，我出差去了外地，他给爸爸和自己做了一顿饭。因为个子不够高，他只好站在板凳上炒菜。虽然这顿饭他做得满头大汗，但也因此吃得格外的香。我想，他已经从中体会到了劳动的不易和享受劳动成果的快乐。

2. 利用日常小事培养孩子的自理能力

从儿子上小学开始，作业就逐渐多了起来，但我并没有因为"学习优先"而不让儿子做一些力所能及的家务。每天放学回家后，儿子要做的第一件事情就是洗饭盒，因为我告诉过他自己的饭盒必须自己洗，有时候奶奶会偷偷帮他洗，都被我阻止了。我还教儿子怎样用洗衣机分类洗衣服，并让他在双休日帮忙清洗衣服。孩子爸爸爱喝茶，便教会了儿子如何泡茶，到现在为止，孩子爸爸每天喝的茶都是儿子给他泡的。

3. 偶尔做个"懒妈妈"

人都是有惰性的，有时候，我让儿子做家务，他也会表示不愿意。碰到这种情况,家长不能硬来,不能用命令的方式让孩子去做,要讲究方式方法。我偶尔会做个"懒妈妈","懒父母出勤快儿"这句话不一定全对,但也有它的道理。我会在儿子面前示弱,让他知道妈妈不是无所不能的,也是会累的。比如,双休日打扫好卫生,我就会说:"好累啊,你来洗衣服吧。"他总是会爽快答应。和儿子一起去拿快递时,我会说:"这个有点儿重,我拿不动。"每每遇到这种情况,他都会一把扛起快递并自豪地表示"一点儿也不重"。我想让他明白,他也是家庭的一分子,现在长大了,也要扛起对家庭的一份责任。

习近平总书记说:"青年的价值取向决定了未来整个社会的价值取向,而青年又处在价值观形成和确立的时期,抓好这一时期的价值观养成十分重要。这就像穿衣服扣扣子一样,如果第一粒扣子扣错了,剩余的扣子都会扣错。"习近平总书记告诫我们,人生的扣子从一开始就要扣好。所以我认为,孩子应该从自己身边的小事做起,不断提高自理能力,逐渐形成对家庭的责任感,长大后才能担负起对社会的责任,做一个对社会、对国家有用的人。

(松江九峰实验学校　王嘉磊家长徐方)

一棵树摇动另一棵树

　　每个家庭都有很多关于阅读的故事,2022 年,我和另外几位妈妈一起进行了一次不同于以往的阅读尝试:研读整本书,并创作一个儿童文学故事,再办一个作品展。我们想用项目式学习的方式进行阅读尝试。为什么要这样做? 我们发现,孩子处在具体运算阶段,认知情况相较前两年有了很大的进步。我们希望孩子在阅读过程中不仅有高效的输入,还能进行一些输出。所以,我们大胆尝试,一起践行"你想他成为什么样,首先你应该先成为什么样"这一理念。

　　我们选择的阅读材料是《天使雕像》。它介绍了一个 12 岁的女孩克劳迪娅和弟弟"离家出走"到纽约大都会博物馆的经历。他们在博物馆中发现了"天使雕像"这件展品,并开展了一系列的探秘活动。这个故事涉及青春冒险、友谊亲情、自我成长等内容,非常适合三四年级的孩子阅读。通过研读这部儿童文学作品,我们深入了解了这个年龄段孩子的真实状态。阅读为我们和孩子架起了一座桥梁。

　　但是要真正地理解孩子,可能还需要进行一场真实的学习。我们决定挑战自我——创作一个儿童文学故事。这对于我们来说并不容易。我们在陪伴孩子学习的过程中,看到孩子在写作文时抓耳挠腮,常常气不打一处来。但只有我们真正把自己当成孩子去学习时,我们才能实实在在地体会到他们在学习中遇到的障碍。

　　说不如做,我们决定自己动手写一写,感受一下创作过程。就这样,我们开启了创作之旅——讨论提纲、设定人物等,碰到无从下笔的情况时,我们还会进行一些表达练习。就拿我来说,一开始时我被吓到了:"啊,这怎么可能? 我多少年没动笔了,肯定写不出来。"瞧瞧,我的状态像极了孩子的表现! 在写随笔作业时,我的孩子抱怨道:"妈妈,我不知道写什么,好苦恼啊!"我很真实地告诉他:"妈妈在创作的过程中也遇到过这样的情况。"他立刻放松了下来,好奇地问道:"那你是怎么做的呢?"我说:"我先给自己一点儿鼓励,告诉自己,我只是暂时写不出来,而不是永远写不出来。接着,我尝试把大目标拆分成小目标,通过完成小目标来一点一点地完成大目标。最后,我成功完成了任务!"因为研读和学习,我和孩子在学习这件事上产生了共鸣,亲子关系更加密切,他也愿意和我分享他的心情了。

教育学家布鲁纳说:"对于学习,最重要的奖励不是称赞,而是内心的满足。"在我们合力完成了一部1万多字的短篇小说《天使堡的秘密》后,我们真切地体会到了内心的喜悦和成就感。原来,学习并且完成一个任务会让人这么幸福。我们想把这份幸福传递出去,为此,我们举办了一场小型的作品展示会。我们签名、朗读、分享创作心得、采访嘉宾观众,还拍摄了一部小小的纪录片。我们满心欢喜地向孩子展示:"这是一个任何人都能成为作家的时代!"希望这样一场真实的作品发布会,能带给他们一点点职业体验,在他们心中种下"长大后成为作家"的心愿种子。我还看到孩子拿着印刷的小册子,找每一位作者签名,犹如作家签名售书的场面,这让我们所有撰写者感到惊喜与感动。

整个阅读和创作的过程让每个人都收获很大。我不仅阅读了一部优秀的儿童文学作品,还体验了写作的过程。让我得意的是,在展示会结束后回家的路上,我的孩子拍拍我的肩膀说:"妈妈,我觉得你们很厉害。我想和你们一样学写作,写好多好多的故事!"这份喜悦,值得我回味一辈子。之后的日子里,我还欣喜地发现,这场来自家长的学习活动,增强了孩子阅读的兴趣和动力。

德国哲学家雅斯贝尔斯说:"教育就是一棵树摇动另一棵树,一朵云推动另一朵云,一个灵魂唤醒另一个灵魂。"我想,每一位妈妈都希望带孩子看不一样的风景,而当我们和孩子一起学习、共同成长时,家庭教育的目的也就达到了。

(东华大学附属实验学校　郑欣亮家长郑楚楚)

阅读，让我们更亲密

在读到《孩子你慢慢来》中母亲在睡前给孩子读书的情节时，我情不自禁地笑了，这也是我们在女儿丁丁小时候每晚的必修课，不同的是，陪丁丁上必修课的人，除了妈妈，还有爸爸。

女儿丁丁已经上三年级了，回想我的育儿路，确实有很多地方做得不足，值得反思，好在女儿养成了阅读的习惯，我们的亲子关系还算和谐、亲密。

丁丁是从什么时候开始阅读的呢？大概是我刚怀着她时。正如现在流行的一句话——"头胎照书养"，我大部分的育儿知识都是从书里得到的。整个孕期，我除了看胎教类书籍，就是看文学类书籍，几本厚厚的书都被我逐字逐句读完了。那时，我心里就想，阅读也算是一种胎教，孩子长大后应该会喜欢阅读吧。

在丁丁几个月大的时候，我们家的衣柜上贴的都是五颜六色的图片。我经常指着图片跟她描述上面的内容，她的眼睛一直盯着图片看，好像能听懂似的。丁丁一周岁了，我开始用纸质的图片教她认物，给她讲故事。我们选的第一套书有巴掌那么大，名曰"撕不破的书"，丁丁特别喜欢，反反复复读，已经翻破了。这些小物件我都留着，前几天整理的时候拿出来，丁丁还问我是谁的，她已经不记得这些是她小时候最喜欢的书了。不过，从那时起，阅读已经成为丁丁最离不开的一件事了。每天晚上睡觉前，我和孩子爸爸会给丁丁读一本绘本，这是每天的必修课。只有完成了这个仪式，她才会安心地睡觉。

慢慢地，丁丁长大了。白天，爸爸妈妈上班去了，丁丁会和奶奶一起看书；晚上，我下班回到家，她就会吵着要我给她读书。就这样，刚刚会说话的丁丁，不仅喜欢读书，还喜欢编故事了。

渐渐地，家里的书已经不能满足她了，我们把阅读的场地转移到了图书馆。那时候，她不到三周岁，还没有上幼儿园，每周末，我们会花半天的时间泡在图书馆，一本接一本地读绘本。图书馆里有良好的阅读氛围，而我们也总是在读了半天书后，再借十本书，回家好好享受。这个习惯，雷打不动，一直坚持到她上小学。

从上幼儿园大班开始，丁丁慢慢地开始认字了，以图片为主的绘本已经不能满足她的读书欲望了，她开始读一些字更多的绘本或者有拼音的故事书。我记得丁丁上大班的暑假,我们一起读完了《夏洛的网》这本书,书里完全没有拼音,只是偶尔会有几幅插图。有时候,遇到一本她喜欢的书,丁丁会让我或者爸爸反复为她读。那时,我就很希望她可以快点认识字,我们各自拿着一本喜爱的书看,互不干扰,静享时光!

丁丁读了小学后日渐繁忙,晚上看书的时间也越来越少。可阅读这件事已然成为她生活中不可缺少的一部分,每天不管多晚,她都要看会儿书才睡觉。有时,我们怕影响她第二天的学习,就不让她看。每当这时候,她就开始央求我们,说:"哪怕只看十分钟也是好的。"而之前每周末花半天的时间在图书馆看书,也缩减为借书还书的几分钟,丁丁只能把书带回家去细品。到了寒暑假,丁丁才会有整段的时间来博览群书,少儿版的《红楼梦》《西游记》、罗尔德·达尔的系列书籍,她都是在寒暑假读完的。这个假期,她又迷上了《哈利·波特》。

种一颗籽,就会结一颗果。丁丁的想象力很丰富,造句时经常会出现金句,上课时也非常善于思考,作文内容也慢慢丰满起来。而我之前期待的"各拿一本书阅读、互不干扰的阅读时光"也终于到来了。寒假里,每天晚上,丁丁拿着她最爱的书,我拿着我喜欢的书,坐在床上,各自阅读,共享美好。有时,她会跟我分享她的故事,同样地,我也会告诉她我所阅读的书籍的内容。

就这样,丁丁在不知不觉中养成了阅读的习惯。在我们为她准备生日礼物时,她总是说想要一套自己喜欢的书。家里的书架,也已经从一个变成了三个。

想起我小时候也是喜欢看书的,到现在依然喜欢阅读纸质书,而不是电子书。言传身教,大抵如此了吧。

(上海师范大学附属松江实验学校　许璞家长丁宇晨)

一波三折的时间管理

家长是孩子的启蒙老师，家庭是孩子的第一所学校。由此可见，家庭对孩子的成长是相当重要的，家长对孩子的影响无处不在。陪伴孩子健康成长是我们家长的义务。

陪伴孩子的日子里有喜也有忧，生活中，孩子总能给我们带来惊喜，当然也会给我们带来焦虑。在陪伴孩子的过程中，我渐渐意识到孩子缺乏时间观念，我想，这可能与我之前的养育方式有关。之前，我觉得孩子小，便把大大小小的事务全部包揽下来，导致孩子上了四年级还没有时间观念，不懂得管理自己的时间。家里家外的事，孩子就像算盘珠子，拨一下动一下，学习靠家长催，缺乏主动性。

一个周日的晚上，临睡前，孩子突然想起来还有一篇作文没写，我顿时火冒三丈："你为什么没有做完作业就开始玩？赶紧去做吧！"接收到我这边发出的危险信号，她赶紧拿出作业本开始补作业。眼看着时间越来越晚，我又气又恼，但冷静下来后，我意识到家长同样是有责任的，于是我决定等她做完作业后先让她休息，第二天再跟她沟通。

孩子第二天放学后，我没有像往常一样催着她赶紧放下书包拿出书本写作业，而是先针对昨晚补作业的事情认真仔细地跟她沟通，在谈话中引导她意识到任何时候都要学会合理利用时间，做事情之前应当先分清事情的轻、重、缓、急，要有计划、有条理地做事情。交流结束，孩子主动跟我说了一下当天的计划，并且承诺了结束时间。事实上，当天的计划孩子也完成了。

但好景不长，渐渐地，时间观念又在孩子身上消失得无影无踪。没有家长的催促，又缺乏时间观念，散漫的状态再次出现在孩子的身上。我意识到，教会孩子合理利用时间不是一次就能成功的，好习惯的养成需要家长和孩子共同努力。于是，我们又一次进行了沟通和交流，摸索如何改变她的坏习惯。

最终我们达成共识：刚开始制订计划时内容不宜太多，先从制订 3 项计划开始；经过一段时间的考验后，如果制订的计划每次都能很好地完成，再增加、细化计划，一起做时间计划表，互相监督。

从那之后，每当孩子结束一天的功课，我都会跟她一起讨论明天的计划：三餐吃什么,有哪些重要的事情需要完成,如何安排完成这些事情的顺序。我也逐渐放手,引导孩子安排自己的学习和生活。渐渐地,孩子对家务的关注度、对自己学习的积极性有了明显的提升。

在假期里,孩子也能合理安排自己的日常事务,管理好自己的时间,还会主动把第二天的时间安排表交给我确认。我也会跟孩子交流我第二天要做的事情,让孩子一起参与家庭的管理。我们的互动更多了,快乐也更多了。孩子有时会调侃我:"妈妈,你怎么变得越来越依赖我了呀!"

看到孩子的转变,我的内心充满了喜悦。我认识到,很多事情,我要忍住不插手,我不能夺走孩子自我管理、自我成长的机会。孩子越早独立,家庭就会越和谐,家里的催促声、哭泣声也会随着恰当的时间管理逐渐被欢快的歌声、笑声替代,这不都是我们希望看到的吗?

（上海戏剧学院附属松江实验学校　孟梓萱家长周春艳）

少成若天性，习惯成自然

一个人的行为习惯，小能影响他生活、学习中的细枝末节，大能决定他的一生。《孔子家语·七十二弟子解》中指出："少成则若性也，习惯成自然也。"一个人年少时养成的习惯会变成他的天性，以至于长大之后变得自然而然，很难改变。所以，在孩子成长的过程中，我们要关注他们的行为习惯，有意识地帮助他们养成良好的学习、生活习惯。

阅读是我跟女儿一直坚持做的事。我希望她能养成良好的阅读习惯，每天都能读读书，哪怕只读短短的几分钟。我想让她知道：读书和吃饭、睡觉一样，是自然而然要做的事情。

为了培养孩子的阅读习惯，家长要为他们营造一个良好的阅读氛围。在女儿上幼儿园的时候，我给她买了一个小书架，上面放着一些文字较少、图画色彩丰富的绘本。闲下来的时候，我会跟她一起看书，边看边提问。偶尔，我会找一些自己感兴趣的书故意在她面前看，当她凑过来问我在看什么的时候，我就让她去选一本书和我坐在一起看。

对于营造阅读氛围，我的朋友有一个值得借鉴的好方法。她在客厅的两边放上书架，一边书架上放孩子的书，另一边书架上放她的书，中间则放一张长桌子和几把椅子。每天晚上忙完家务，她就坐在长桌子前看书，陪孩子写作业，孩子写完作业后，便会同妈妈一起再看一会儿书。

有了阅读氛围，家长还要根据孩子的实际情况为他们选择书籍。有些家长在孩子刚上小学时就买了四大名著，还有的家长买了作文大全、好词好句等教辅类书籍。我个人认为，阅读教辅类书籍对应付考试可能有用，但就长远来说，对孩子的思维启发和心灵熏陶并无多大益处。

为孩子选书时，家长可以带他们去书店，通过观察他们的表现判断他们对书籍的偏好，也可以根据孩子的实际情况来做决定。女儿在某段时间总是问我"云为什么掉不下来""为什么一会儿下雨一会儿出太阳"，我就给她买了《天气》这本书，让她从书里找答案。有的时候出去玩，女儿会指着路边的野花问我它叫什么名字，我便找了在出版社工作的同学，根据他的推荐购买了一本《长三角城市野花

300 种》。除了让女儿自己看书,我还经常带她去黄浦江畔找书里的植物,一一对照,做一些简单的自然笔记。我也会根据语文教材,找一些延伸类的阅读材料。比如女儿学了《荷花》,我就找来朱自清的《荷塘月色》;女儿学了《蜜蜂》,我们就在那个周末一起看了《昆虫记》中的其他篇章。还有一次,女儿放学的时候跟我说她要参加大队委员竞选,但她有些紧张,不知道讲些什么。当天晚上,我便给她买了一套《淘气小子马克斯》,她看后觉得很有帮助,还说它的语言幽默风趣。

女儿快进入五年级了,我意识到她开始关注社会生活,便给她订了几份时事报纸和《中国国家地理》《博物》等杂志。报纸和杂志上的知识更具有时效性,也更贴近当下的生活。我希望她通过报纸和杂志能及时了解我们生活的社会每天都在发生些什么,对热点事件有自己的见解。

现在,女儿每天能坚持阅读,还能自己安排阅读时间。有时,她还会给我推荐她喜欢的书,跟我讨论她从书里学到的道理。

每个孩子都是独特的,最了解他们的人是家长,最能根据他们的实际情况提供个性化教育的人也是家长。只要家长用心培养他们良好的习惯,不着急,也不懈怠,他们终会健康成长,长成一棵棵参天大树。

(松江区泖港学校　杨又家长邓家凤)

阅读习惯，一生相伴

每个家长都希望自己的孩子可以善口才、富学识，因此，在孩子还未出生时我们便进行了胎教。随着孩子慢慢长大，接触的兴趣班越来越多，很多课程选择比起生活及工作中的琐事更令我和孩子妈妈操心。钢琴课、画画课、跳舞课等，因为新鲜，孩子可能乐此不疲，但我们在接送、换课的过程中疲态尽露。幸好，我们在让孩子能有一个良好的阅读习惯上意见统一。关于如何让孩子安静地去看书或者让孩子觉得阅读是快乐的，在此我想分享自己的一些想法。

1. 不必在意认字

看到这个标题，你可能会觉得奇怪：孩子要读书怎么能不认字呢？我家小柠檬起初识字也不太多，就靠字卡或字卡背后的图片学习。当然，这种方法必定是孩子看到图片了才知道某个字怎么读，与大人理解的"认识字"还是有差距的。有时我们会拿绘本让她自己看，她时而走马观花地看内容，时而翻来覆去地看图片。当她翻阅到一本书的最后一页时，我们便会问她："这本书看完了，你能不能给我们讲一讲你看了些什么？"孩子识字不多，当然不可能复述全部的内容，这个时候她就会缠着让我们和她一起再看一遍。

如何陪孩子看书是一门学问，并不是帮他们读一遍就好了，我选择让孩子自己先试着去"看图联想"。我在上小学期间被看图写话"折磨"过，因而希望早早地锻炼孩子这方面的能力。有时，孩子讲了一大堆，却没讲到重点，这时，家长没必要去指正，孩子的想法是自由灵动的，大人时常捉摸不透他们，因而不要让他们受到束缚，只需要引导他们通过观察、想象、理解锻炼自己的表达能力。同时，我并不强求她所复述的内容是一个完整、符合逻辑的"故事"，只希望撇开文字的局限，尽最大可能让她爱上阅读。

2. 读懂需要时间

上一年级以后，小柠檬的识字量有了很大提升，读的也都是带有拼音的读物，"看书"倒也不是一件难事了。除了《十万个为什么》，我还给她看《声律启蒙》，这本书中几乎都是字，没有多少图片。想必一些家长要问："孩子真能看得进去吗？"答案是肯定不行！但孩子的"阅读"不单单是让他们读，更多的是引导。小柠檬在上幼儿园时就会说"来鸿对去燕，宿鸟对鸣虫"了，但小和尚念经有口无心，她那时候根本不知道什么是"来鸿"和"鸣虫"。家长不必急于解释，等孩子有了一定积累的时候，家长可以再陪着孩子去读一读、讲一讲，教一教"平仄""对仗"，孩子便能在学过的句子中读到新的韵味。

记得有一次，我和小柠檬讲"落霞与孤鹜齐飞，秋水共长天一色"，当时是夏天，窗外没有晚霞，更不可能有鸭子，我只能让她先背下。偶有一晚云彩通红，孩子趴在窗口脱口而出这个名句，那时候我觉得她可能这辈子都不会忘了这句话。这也印证了"纸上得来终觉浅，绝知此事要躬行"。阅读不单单是读，读懂需要慢慢积累，家长不必急于求成。

3. 阅读重在专注

孩子的爷爷奶奶总会不定期买来新的儿童读物，于是孩子得新书"易"，养习惯"难"。经历"翻书""看图"后，孩子便要面临纯文字阅读，这时，家长便要让孩子养成良好的阅读习惯。当孩子逐渐对文字产生兴趣，想看一看家长拿着的书时，家长就要引导孩子更专注地独立阅读。

过了启蒙阶段，让孩子再听家长读，会让孩子更多地依赖他人，而忽视了自己的体验。孩子模仿能力很强，家长不妨以身作则，拿本书陪着孩子一起看。当然不要为了看书而看书，让孩子不定量、不定时地阅读，最好能在书中探索一番，提升专注力才是关键。有一次，小柠檬问我："什么是黑死病，牙齿是黑的吗？"原来，她关注到了一本百科全书里图片的注解，字如蚊蝇。我惊讶于她只要看进去了，再细枝末节的地方也能一字不漏。

家长要从小培养孩子良好的阅读习惯，引导孩子打心底里爱上阅读、憧憬阅读，让孩子在书籍的世界中体会到真正的乐趣！

（松江区教育学院附属实验学校 蒯佳柠家长蒯元星）

小船与双桨

如果说孩子是小船,那么父母便是双桨,只有双桨合力,小船才能保持正确的航向。第一次当家长,对于孩子的教育,我一直是在摸索中前进,但我坚信良好的家庭氛围如同无声的教诲,不仅会在言传身教中帮孩子扣好人生的"第一粒扣子",更会在润物细无声中助孩子立起人生坐标,让孩子终身受益。回顾与孩子一起成长的这些岁月,我有以下几点心得。

1. 让孩子爱上书,习惯在书中找乐趣

就像有种味道叫小时候的味道一样,人的口味一旦形成便会伴随一生,我希望我的孩子从小爱上书,一生与书为伴。从孩子牙牙学语的时候起,我便让她拿着布书当玩具。孩子到了 1 岁多,每天晚上我都会在睡前给孩子讲各种绘本故事。为了让孩子爱上书,家里除了洗手间和厨房,其他房间都放置了书架,每个房间墙上都贴有地图,孩子醒来见到的都是书及与书有关的东西。虽然家中有电视及其他电子产品,但是孩子从来不会吵着看电视,也不会沉迷于其他电子产品,因为她已经习惯了到书里去找好玩的事情。在潜移默化中,书俨然成为她一位有趣的伙伴。

2. 引导孩子讲故事

孩子现在是班里的"故事大王",这与我在她小时候的刻意引导密不可分。大概在孩子 2 岁多时,我认为孩子听我读绘本故事已经一年多了,虽然她非常喜欢,但是光听热闹可不行,我要求孩子尝试着把自己听到的绘本故事讲出来。刚开始,她讲得磕磕绊绊的,甚至闹脾气说不想讲只想听。面对孩子的畏难情绪,我只能先带着她讲一遍,再让孩子自己试着讲。孩子知道,如果讲不出来就不能听到新的故事了,于是她渐渐试着讲一讲绘本上的故事。

我先从她最熟悉的故事开始让她尝试。刚开始,她要听我读几遍故事才能用自己的话讲出来,可坚持了一段时间后,她便给我带来了许多的惊喜。通过不断尝试,慢慢地,她虽然还不认识字,但很多故事她已经能只听一遍,就将其基本内容讲出来了。原来,她已经知道怎么去听、怎么去记重点了。

会讲故事还让我的孩子增强了自信。从前,我的孩子很怕与陌生人交流,我每次带她出去,她都不敢去找别的小朋友玩。我在一旁看着,心里很是着急,每次都是我主动去认识别的小朋友的妈妈,再让别的小朋友找她玩。我记得刚上幼儿园时老师还反馈过她很少积极主动地参加活动。我深知这件事不能急,得慢慢来。于是,我从孩子最喜欢的讲故事着手,让她去讲给别的小朋友听。幼儿园如果举办讲故事比赛,每次我都鼓励她参加,不在乎名次,为的是锻炼孩子上台发言的能力,我希望她一次比一次有进步。

记得孩子上大班时,在一次讲故事比赛中,老师给了几个故事让孩子选一个来讲,孩子选了里面最长的一个,讲完差不多要 6 分钟。因为内容比较长,我担心只让她自己练习会让她失去兴趣与耐心,于是我把故事记了下来,一有空就带着孩子讲,还通过和孩子比赛的方式,你一句我一句每天练,到了比赛那天,孩子已经能讲得非常熟练了。虽然因为讲这个故事的时间太长(超过了规定的 4 分钟),孩子只获得了二等奖,但却让老师了解了孩子的语言表达能力。在大班毕业的汇报表演中,老师把班级里唯一的小主持人资格给了孩子,孩子也出色地完成了任务。因为上台的次数多了,孩子表现得越来越自然,到了二年级,她依然喜欢到讲台上去讲故事,因为她喜欢站在台上的感觉,她还对我说长大了想当一名老师。我想,孩子不会辜负家长的每一个坚持,哪怕只是睡前的一则小故事。

3. 让孩子知道学习是自己的事情

孩子上了小学,学习状态与在幼儿园时大不一样了。刚开始的一段时间,孩子因为学业繁忙,没时间听她喜欢的故事,急哭过好几回。因为没有养成习惯,孩子学习效率很低。后来,我们要求孩子在学习遇到困难时自己寻找解决的方法,翻书本、查字典,不管用什么方式,让她自己动起来,实在不理解再来找家长。这个过程很艰难,但我认为这是有效的。慢慢地,孩子明白了学习是自己的事情,在学习中遇到困难时会自己想办法解决了。

孩子的教育从来都不是一件容易的事,家长需要不断学习,针对孩子的特点,协助学校做好家庭教育工作,并根据孩子的成长阶段适时调整方法。在成长的长河中,孩子不会总是一帆风顺,他们要有面对风险的勇气和解决问题的能力。而家长要常伴孩子左右,把握航向,做他们有力的双桨。

(松江区新浜学校 丁子怡家长蒋丽娟)

阅读，当顺应孩子成长

作为家长，最重要的便是帮助孩子养成良好的习惯，为孩子的发展打好基础。我认为，培养阅读的习惯便是一件对孩子有益的事情。而这种阅读习惯的培养不应该是拔苗助长式的，而应该顺应孩子成长的实际情况。

受所学专业的影响，"学习要顺应生物发展的规律"这一观点深入我心。人学习走路、说话都要等到适当的时候，阅读也要顺应孩子的成长规律，让孩子在适当的时候做合适的事情才最有效。比如当孩子四岁时，你可以教会他数数，但是要反复教很多遍，这就会牺牲本来可以运动的时间。你如果等到孩子六七岁的时候再教他数数，他很快就能学会了。所以，这种知识型的早教意义不大。你反复对一个上一年级的孩子说："你现在已经开始认识汉字了，你要自主阅读，多看经典著作。"这种情况下孩子很难产生兴趣，反而容易产生逆反心理。因为这个时候孩子还处在刚刚进入小学的兴奋期，孩子的识字量、理解力还不足以让他阅读一部经典著作。

我的女儿现在上二年级，一年的阅读量在 800 万字以上，她阅读的书籍种类繁多。阅读已经成为她生活中的一部分，每天不阅读一些文字的话，她就会觉得仿佛缺了些什么。而她有这样的习惯就是因为我们顺应了她的成长规律。由于汉字的特殊性，放入语境中学习速度会更快，我们便教她通过阅读识字。到目前为止，我们没有刻意教过她一个汉字，她的知识更多是从阅读中积累的。

在她上一年级时，我们试着让她写日记，但由于那时她会写的字并不多，没有坚持下来。上完一年级后，我们发现她在生字词方面的进步很大。有些字她认识但不会写，如果我们告诉她偏旁部首，她便基本上能把这些字写出来，我们再次引导她写日记，她便能坚持了。这个过程中，我们只是顺应了她的成长规律，她自己慢慢就掌握了识字规律，认识很多生字词了。当然，这也得益于她的阅读习惯。

我的女儿并非一开始就可以自主阅读，同样是从亲子阅读一步步过渡到自主阅读，直至现在我们有时也会进行亲子阅读。阅读过程中，她离不开绘本的引导，离不开她所感兴趣的书籍给予她的成就感。即使到了一年级第一学期，她还是以看绘本为主。那个时候，她的关注点更多的还是停留在画面和故事情节上，并没有过多地关注汉字,她的理解力也无法让她在大脑中勾画出作者所要表达的事物。后来,我们转换为阅读文字较多的书籍,其中少有图画。我们会读得稍慢一些,在她不懂的地方我们停下来一起讨论,一起在脑海中"绘制"作者想要表达的景象。当她自己能够慢慢在脑海中构建图画的时候,她就不想被绘本局限,而是想探索更多具有想象力的书籍。此时,我们家长要做的就是发现她的兴趣点,找到她喜欢的书籍。

记得她曾对《米小圈上学记》很感兴趣,那时她想知道小学生活是什么样的,想知道学校里同学如何相处,想知道小学老师和幼儿园老师是否一样。《米小圈上学记》中有丰富的简笔画,而且是拼音版的,既可以帮助她了解小学生活,又可以让她慢慢进入自主阅读,我们便置办了一套书籍供她阅读。随后,她对《故宫里的大怪兽》很感兴趣,里面的怪兽让她十分着迷。虽然孩子想象不出怪兽的样子,但书中唯美的插画给孩子的想象力增添了一双翅膀,帮助孩子在书中翱翔。在插画和拼音的帮助下,她独自看完了《故宫里的大怪兽》。看着一本本看过的书籍摆在面前时,她很有成就感。就这样,她在不知不觉中爱上了阅读。这时,我们再让她阅读一些经典书籍,她便不会排斥了。

每个人都有自己的阅读偏好,孩子也不例外。有时,她不是很喜欢我们推荐的书籍,我们也不强迫她看,而是在亲子阅读时把这些书籍读给她听。在读的过程中我们会同她一起讨论,慢慢地激发她的兴趣。记得当时给她推荐《秘密花园》时,她被厚厚的书页吓住了,加上前面的描述比较平淡,她一时无法进入故事之中。于是我们陪着她一起阅读,一起欣赏花园的美景,一起认识书中的人物。在她慢慢地进入故事之中后,她甚至觉得我们读得太慢了。为了更快地了解故事的内容,她自己抱着书阅读起来。作为家长,我们只是在她成长过程中发挥了引导辅助的作用。

所以,家长不妨顺应孩子的成长规律,在成长阶段让孩子多运动、多阅读,拓宽他们的视野。当然,很多孩子优秀是因为家长自身也很优秀,家长把自己的事做好,成为孩子的榜样,或许就是最好的家庭教育。

(松江区泗泾第二小学　杨佳玥家长曹妮娜)

专题五

科学育儿

育在心上,教在生活细节处

很幸运,我得到了这个世界上最珍贵的礼物——我的宝贝女儿。我很喜欢一句话,也一直把它说给女儿听:"从来没有完美的妈妈,也没有完美的孩子,我是第一次做妈妈,你也是第一次做孩子,所以今生请多关照。"

现在,女儿12岁了。在这12年里,我不仅是妈妈,是老师,更是女儿的闺蜜。我们无话不谈,共同应对成长中的各种问题,分享每一个幸福的瞬间。这一切都归功于在陪伴女儿长大的路上,我一直关注她的内心,教在生活细节处。下面结合几个陪伴的细节,分享我的育儿故事。

1. 画出坚持

女儿喜欢画画,处女座的她从小喜欢完美,无论做什么都追求完美,比如,每次画画时,如果有一笔没有画好,她就会拿一张新纸重新画,几次以后,我发现这样对她的成长不利,现在换一张纸容易,之后的生活呢?如果出现错误,时间还能倒流吗?于是,在她画画又一次想要换纸的时候,我对她说:"我们来做个游戏吧!"女儿欣然接受。我接着说:"如果你能想办法不换纸把这幅画画好,妈妈就实现你的一个愿望。"思考了一会儿,女儿换了一个思路,把错的这一笔加工成漂亮的花边,让整个画面更有灵性了。当然,我也实现了她听妈妈讲一个故事的愿望。我借着这个机会告诉她,动脑筋改变比换纸更有意义,既然不能重来,就要想办法改变,想办法坚持完成。

虽然小小年纪的她一时间可能没办法理解得很深入,但在后面的学习和生活中,我看到她在悄然间成长,学着自己克服困难,学着换一个思路思考问题,学着坚持完成而不是半途而废。

2. 玩出平和

女儿小时候,我经常陪她下各种棋。记得有一次我们一起下飞行棋,女儿因为几次掷骰子的点数落后,有点不高兴,想要赖,重掷一次。原本普普通通的小事引起了我的思考,现在家里人可以让她,到社会上可不一定会有人让她,而且,因为一点小事就情绪波动,也不利于她的性格发展。因此,我没有同意,换来的结果当然是女儿大哭一场。我在她平静后告诉她:"下任何棋都有输有赢,你不要因为太在意结果而哭,哭了就说明你输了,因为好运气总是会偏心爱笑的孩子。你如果可以冷静下来想想办法,或许还有赢的可能性。"

随后我们又玩了几局,结果仍然是有输有赢,但不管结果怎样,女儿都欣然接受。让人意外的是,上学后的她渐渐体会到考试就像是在下棋,除了知识和本领这两个必需品外,输的是心态,赢的是一份平常心。这份平和让她在小学里成为品学兼优的好学生,成为同学喜欢的好干部,成为各种活动里的主角。

3. 信出自律

很多孩子都对网络世界着迷,女儿也不例外,她在上二年级时喜欢上了一个小游戏,自己下载好在平板电脑上玩儿。一次偶然的机会,我发现了这件事,但我并没有大声训斥她,也没有直接拆穿她,而是像侦探一样给她讲了我的发现,她听后不好意思地承认了错误。

我对她说:"想玩游戏是人的天性,你如果不想玩,妈妈反而要担心是不是我的宝贝出现了什么问题。妈妈关注的是你什么时候玩、玩多久、以什么形式玩。妈妈相信你可以合理安排时间,做有意义的事情,妈妈是不会删除游戏的,因为删除一个,你还会下载更多,只有你自己想清楚了,才会有好的效果。"

过了几天,我发现那个游戏从平板电脑中消失了。一次偶然的机会,女儿告诉我:"妈妈,我不玩游戏了,我已经把它删除了。"我怕她难过,便告诉她,玩是她的权利,我可以陪她一起玩,她笑了。之后的日子里,女儿很自律,学习上也不用我操心,成为其他家长眼中"别人家的孩子"。

孩子是鲜活、独立的生命体,值得被疼爱、被尊重、被信任,家长与其整天和孩子讲大道理,不如好好观察他们的生活和学习,在每一件小事中捕捉细节,适时引导。家长尤其要关注孩子内心的情绪体验,孩子积极处事的态度、看待问题的角度、日常习惯都是在一件件小事中形成的。从上面几个小故事中,大家或许能体会到:我从来没有把我的想法强加给孩子,而是给她提供更多的选择、帮助、信任,让她成为更好的自己。生活没有标准答案,但家庭中有陪伴、有感恩、有信任、有期待,有大手牵着小手一起成长的幸福时光。

(松江区新桥小学 梁萱家长李童)

关于家庭教育的一件事

——记一次 300 公里的骑行

在我看来,孩子的成长融入在生活的点点滴滴中。回想孩子的成长经历,值得一提的是孩子在 2020 年暑假期间环上海骑行的事情。接下来,我便说一说这件事对孩子产生的影响和让我产生的思考。

2020 年是一个非常特殊的年份,孩子同样经历了特殊的考验。在封闭上网课期间,孩子因自制力差而非常苦恼,极度渴望找到有效的方法来提升自己。经过一段时间的纠结与思考,他给自己定下目标,其中一个就是环上海骑行。

看到环上海骑行这个目标,我第一反应就是不可能实现。他独自骑行的最远距离就是从家到学校,环绕上海,难度可想而知;考虑到路况,如何确保安全也是一大难题。他提出这个想法时,我和孩子爸爸认为他可能就是三分钟热度,过几天自己就会忘记的,所以都没太当回事。

没想到,考试一结束,孩子就提出即刻执行骑行计划的想法。我和孩子爸爸有些措手不及,我们完全低估了孩子的决心。虽然有些担心,但是孩子的决心实实在在打动了我们。考虑到骑车也是一种锻炼,抱着重在参与、多经历的想法,经过家庭会议讨论,我们一致决定执行孩子这个大胆的计划,但条件是必须由孩子爸爸陪同完成。就这样,多年不骑自行车的孩子爸爸,在骑行开始的当天早上,赶在车行刚刚营业时,仓促买了一台新车,就此展开了父子俩 2020 年夏季环上海骑行的旅程。

这段旅程对我们全家来说都是一种全新的体验。父子俩提前两天进行路线规划。在制订计划的过程中,我们看到了孩子的另一面。与学习的时候不同,孩子对自己感兴趣的事情非常投入和认真,但最关键的是我感受到了孩子的快乐。孩子对很多地方的地理方位都不熟悉,但查询地图、进行路线规划,还是思路清晰、有模有样的。同时,他也很有原则,一点儿也不肯放水缩减路线。我和孩子爸爸商量好,所有的计划和执行以孩子为主,尽量不干扰他制订计划,孩子爸爸陪同,只是负责安全和应急。

这段旅程共四天三夜,行程超过 300 公里。第一天,父子俩非常兴奋,新鲜感十足,但也伴随着暴晒的痛苦和全身酸痛。第二天意外颇多,不期而至的大雨,车子突然爆胎……小小的意外,也许是上天赐予的特殊礼物,在告诫着孩子:不经历风雨,怎能见到彩虹呢?

骑行的路途中,孩子看到了乡下的稻田、江南特有的星罗棋布的小河和样式各异的小桥,看到了自贸区五颜六色的集装箱,看到了各种超大的运输卡车在公路上驰骋。平时不爱拍照的孩子,在打卡点留念的照片中,笑容是那么灿烂,他的身上散发着从未有过的光芒。

孩子进入初中后,身心都发生了很大的变化,他的身高已经接近 170 cm,思想也更加独立。我能感受到孩子特别不喜欢被说教,还经常会和我们唱反调。面对这个阶段孩子的变化,很多家长虽然也是从这个年龄段过来的,但并没有现成的经验可以直接复制,毕竟亲身经历和间接介入是完全不同的。伴随着孩子的成长,家长也必须一起学习和成长。在这次旅行中,我和孩子爸爸也在学习如何尊重孩子的意见和想法,在确保安全的前提下,尽量支持他实现目标和愿望。从这次旅行中,孩子学会了制订计划、处理突发情况,同时锻炼了意志力,增强了自信心,整个人和以前比似乎不大一样了。

不用家长太多的教导,多看、多想、多行动、多体会,孩子就能快乐而自然地成长。我们真的希望能有机会多进行几次这样的旅行,看似家长在陪伴孩子,何尝不是孩子在陪伴家长呢?

(上海市三新学校松江东部分校　徐熙文家长敬静)

学习与运动相结合

——记班级羽毛球协会的组建

进入初中,孩子的学习压力增加了,工作日忙于去学校读书,休息日也常常奔波于各科学习中,难得片刻停歇。有时问起孩子累不累,孩子总是说"习惯了以后,感觉还好",我听了既欣慰又有点心疼:欣慰孩子能沉住气,专注于学习本身,不抱怨不叫苦;心疼孩子这么懂事,也担心他小小的身体能否适应较为紧张的学习生活。运动不仅能提高孩子的身体素质,也是帮助孩子释放压力的好方法,为此,我们尽量抓紧一切机会陪孩子一起运动。孩子在上小学时练了几年的羽毛球,还算有点功底,一开始都是我们家长陪练,后来我发现,孩子进入初中后,更希望和同学一起运动。我心想:我们可以和孩子一起组建一个班级羽毛球协会,用集体的力量带动大家共同运动,这样就不愁运动时找不到小伙伴了!

有了这个想法,我们就开始具体落实。孩子先在班级里与同学分别沟通,了解下来才知道,会打或者想打羽毛球的同学还真不少,很多同学都有兴趣约在一起打球,有群众基础就好办了!接下来,我利用自己是家长委员会成员的优势,在班级家长群中发出了组建班级羽毛球协会的倡议。不出意料,很多家长也希望孩子能多参与体育运动,既锻炼身体又放松身心。我迅速建立了班级羽毛球协会的微信群,有近半数的家长积极响应。

建群后,大家积极讨论协会宗旨和活动章程、策划活动。两天后,我们就组织了第一次活动。孩子自己负责预定场地、策划活动流程、组织比赛,第一次活动就来了14名小伙伴,真的非常不错!作为家长,我们也非常高兴。这样的方式,既达到了运动的目的,又锻炼了孩子的组织能力,还放松了孩子的身心,可谓一举多得。回到家里,孩子开心地说希望每周都能组织一次活动,同学在一起打球聊天,运动累了就围坐在一起玩游戏。

几次活动之后,班级羽毛球协会的活动基本就固定下来了。很多家长都提出在下学期调整孩子的课外学习时间,争取多参加协会的活动。此外,每个学期期末考试后到返校前,都有几天居家学习的调整期。这一次,我们提前做好了活动策划,孩子除了完成学习任务,每天都有一场羽毛球活动。孩子返校前一天,我们还组织了"班级羽毛球协会年终总决赛"。这场总决赛,家长和孩子一起沟通讨论、策划比赛流程、设计奖项、组织活动现场,大家在一起嬉笑打闹,仿佛我们家长也回到了无忧无虑的少年时代……

教育改革呼吁孩子增强体质,家长更应该重视如何把素质教育落到实处。孩子的成长需要不断学习,同时也需要更多的欢笑,让孩子回归到集体的怀抱,给孩子创造与同学共同学习、娱乐运动的环境,更有利于孩子的身心健康发展,基于这个目的,我们花了很多时间和精力来组织班级羽毛球协会,看到孩子运动得开心、玩得快乐,我们所有的付出都是值得的!

通过帮助孩子组建班级羽毛球协会,作为家长,我更加深刻地体会到与孩子沟通的重要性。家长要多倾听孩子的心声,听他们讲身边的人和事;提供建议,帮助他们找到解决问题的办法;帮助孩子缓解情绪,寻找合适的方式释放学业带来的压力;给孩子创造成长的机会,创造与同伴互相学习、共同进步的机会,让孩子在集体中成长;培养孩子健康的体魄和积极向上的精神面貌,使孩子勇敢面对每一次的挑战……我希望班级羽毛球协会能坚持下去,也希望有更多的同学和家长加入进来,共同打造团结向上的班集体!

（松江九峰实验学校　张昭轩家长张岩）

十五秒的"打开"方式

"蒙以养正"是每个家长的期许,但家庭教育往往鸡飞狗跳。孩子从出生到成年一般有三个叛逆期,其中,青春叛逆期的表现最为明显,他们张扬个性、反抗权威、特立独行。如何处理好与青春期孩子的关系,成为很多家长都头痛的事情。

女儿上七年级后,学习任务重,又特别容易分心,我们在相处之中没少发生磕磕碰碰,但我们经常在一起讨论小说、电影或者热门话题,亲子关系十分融洽。这种和谐的亲子关系,与我们每次发生冲突后及时、深入的沟通密不可分。

记得有一年寒假,我和女儿因为写学期总结的事情大吵一架。她拍了桌子,我发了脾气,她哭哭啼啼,我也是一肚子火。双方冷静了几个小时后,我主动来到她的房间,她闷闷不乐,似乎不太想聊刚才发生的事情。

我主动开口:"我感觉你今天有一些想法没来得及说,是因为我说得太多了吗?"说着我便拿出手机,调到秒表的界面:"还是老方法,我们轮流发言,每人十五秒的时间,随便说,但不能超时,也不能放弃自己发言的机会。"

"限定时间,轮流发言"是我们吵架后的固定谈话方式。有很多孩子不爱和家长交流,往往是因为家长容易站在权威的立场上去教育孩子,单方面灌输太多的大道理,不给孩子说话的机会。时间一长,孩子就失去了交流的欲望,不想和家长说心里话了,觉得说了你也不会听,也不在乎。所以,家长不仅要让孩子说,还要让孩子多说。

倾听是沟通的第一个关键点。家长只有倾听,才能了解孩子的想法。家长只有多倾听,孩子才有可能把真实的想法告诉你。

之后,我先发言:"刚才我反思了一下,无论因为什么原因,我都不应该对你发脾气。"她说:"我不应该拍桌子。"……就这样,我一句,她一句;我承认错误,她也承认错误;我解释自己行为的原因,她也用自己的方式来解释;如果我说她哪里不好,她也马上指出我不对的地方。彼此想要说的话越来越多,十五秒变得有些不够用了。

平等是沟通的第二个关键点。出现矛盾,双方都有责任,家长要就事论事,不能单方面地批评孩子。让孩子有平等的话语权、表达权,他们才能认真地去看待问题。

接下来,我又指出:"我知道你拍桌子没有什么恶意,这可能是你不知道如何表达的一种应激反应,但你的这种行为会让爸爸很伤心。"她委屈地解释道:"我拍桌子是因为手放下的时候不小心碰到了,并不是发脾气。"

理解是沟通的第三个关键点。我们要理解青春期孩子的情绪化,他们的很多行为受大脑发育的影响,而不是因为主观上的恶意。同时,我们也要让他们理解亲子关系,家长的出发点是关心、帮助他们,并不是站在他们的对立面。

"爸爸并不想强迫你做什么,因为我不想你被我的眼界所限制,但我也想力所能及地帮助你做些什么,因为我是爱你的。"说完这些话后,我明显地感觉到她有了一些触动,开始敞开心扉,愿意去思考我的话。她主动说了不想写学期总结的原因:"我已经写三稿了,但你总是不满意,我感觉很麻烦,而且也不知道写学期总结有什么用,所以才不想写了。"我立刻解释道:"你已经很棒了,我每年写年终总结时也很头疼,但如果想要进步,可能就是需要做一些让人觉得麻烦的事,不总结反省,很难取得进步。"

认可是沟通的第四个关键点。我们要认可孩子的努力和付出,也要让他们清楚做某件事的原因和目的,只有在主观上认可了这件事,他们才有可能尽心去做,这才是我们教育孩子的真正目的。

经过十几分钟的沟通,我们解开了之前的误会,就写学期总结的目的和意义达成了共识。在谈话的过程中,我们还约定,无论下次有多么生气,都要尽量控制自己的脾气,要相互尊重,用谈话来解决问题。就这样,每次的冲突不仅没有使我们相互疏远,反而使我们更加了解对方。

亲子教育没有捷径,也没有适合所有家庭的方法。家长和孩子只有不断进行有效的沟通、交流,双方才能共同成长。

(松江区第七中学 赵陈观芯家长赵东旭)

读书与育儿

很庆幸在孩子的成长过程中，一直有书籍相伴。孩子从书籍中获取了知识和快乐，而家长亦需要在书籍的指导下摸索着前进。

常有人说幼小衔接是一道坎儿，小学生活对孩子的生活自理能力、学习能力等提出了跨越式的要求。很多孩子在升入小学后出现了种种的不适应。而幼小衔接对家长来说又何尝不是一道坎儿，如何应对孩子的不适应，如何在坏情绪面前控制自己，都需要家长不断摸索。对于我来说，幼小衔接这道坎儿过得甚是艰难，幸亏有很多优秀的家长通过书籍分享自己的育儿经验，才使得我在遇到问题时有迹可循，有方法可依，不至于慌了手脚。

记得孩子上小学初期，因为生活节奏发生了很大的改变，为了养成学习好习惯，每天晚上，我们都要求他抓紧时间做作业、读课文，做完就赶紧睡觉，他几乎没有自己的时间。在忍了一个星期后他终于爆发了，回家后不肯做作业，大哭大闹，叫嚷着要看电视，任谁开口相劝，他都会大叫："我不要，我不要……就是不要……"

这就是我那天回家后看到的场景：孩子在大哭，孩子爸爸和孩子外婆表情愤怒。孩子外婆看到我，马上开始抱怨："你怎么生了这么一个坏脾气的小孩！"孩子爸爸正在厉声地对孩子下最后的通牒："你再这样，我要揍你屁股了！"看到这混乱的一幕，我第一反应也是怒火中烧，但是，在这种情况下打骂孩子显然无济于事。孩子看到我回来，以为多了一个人来责备他，像一只竖着羽毛准备决斗的小公鸡那样看着我。

正好我那时在看《如何说孩子才会听 怎么听孩子才肯说》，这是一本畅销书，世界上数以千万的家长用亲身实践证明了书中的方法非常有效。我放下包，开始试着用书中的方法来跟孩子沟通：(1)全神贯注地倾听；(2)用简单的话回应他们的感受；(3)说出他们的感受；(4)用幻想的方式实现他们的愿望。

我先抱了抱他，孩子显然很抗拒，不停地大叫："不要，不要！我就是要看电视，现在就要……"

我安静地听他说完，然后回应他："妈妈知道你现在很想看电视……"

"我就是要看电视，我不做作业了！"

　　我没有跟他讲大道理，而是认同地说："对，你现在一定很生气，很难过，你已经好几天都没有看电视了。"

　　孩子没想到我居然会认同他的想法，哭声渐渐小了一点，委屈地说："我已经好几天都没有看电视了……"

　　"是的，暑假里你天天看电视，现在你好几天都没有看电视了，一回家就做作业，你表现得很好，你今天只是想放松一下而已。"

　　我把孩子的感受说了出来，他顿时放声大哭起来，好像把所有的委屈都宣泄了出来。过了好一会儿，等他哭声小点了，我才说："真希望你现在已经把作业做完了，这样我们就可以看电视了。"我真诚地看着他，建议道："要不我们快点把作业做完，抓紧时间看电视，好吗？"

　　"好……"出乎我的意料，孩子居然同意了，完全没有坚持一定要先看电视。

　　真没想到话术改变后，一场家庭风暴就这么消散了。感谢那本书的作者，书中的案例、语言是那样行之有效，的的确确能缓解孩子与家长的紧张关系，减少家长与孩子的冲突对抗，促成家长和孩子的合作局面。

　　之后，我在育儿路上又经历了许多的困惑。在面对育儿的诸多问题时，我的第一反应就是翻书，看看有没有类似的案例可供参考。

　　有一段时间，因为孩子的字迹潦草以及不端正的学习态度，我深感焦虑。朋友推荐我看《孩子你慢慢来》。这本书的字数不多，但书中所蕴含的爱的气息，仿佛炎炎夏日里的微风，就那样飘进我的心房，让我的内心变得静谧，让我不再那样急功近利。我不再要求我的孩子像别人那样奔跑，我不再强求他任何事都要做到优秀，不再强求他做任何事情都要快、快、快！我要耐心地等待他，我也要对他说："孩子，感谢你来到这个世界上，你要慢慢地走。所有真正爱你的人，都会耐心等你！"

　　育儿之路，需要不断地学习，也只有不断地学习才是正道。幸运的是我们有那么多优秀的育儿书籍，那么多的育儿故事可供借鉴。当然，看育儿书籍不是为了照搬书中的经验，而是为了避免犯错。因此，家长需要不断摸索如何去教养自己的孩子，再结合书中的经验，改正自己的不足。

　　育儿之路漫漫，家长在育儿的同时也在育自己。家长要跟孩子一起成长，通过他们的成长来认识自己，提升自己。

（华东政法大学附属松江实验学校　季松南家长翟伟琴）

行动和体验比道理更重要

"YOYO，你睡觉前刷牙了吗?"我问。YOYO一边急着爬上床，一边皱着眉头说:"妈妈，明天再刷吧，我真的好困啊。""妈妈和你说过多少次了，晚上睡觉前一定要刷牙，不然会蛀牙的。"在我再三的要求下，YOYO慢吞吞地走向洗手间……

这样的情况不是偶尔发生，每次睡前只要我不及时提醒她去刷牙，女儿就会自己偷偷爬上床睡觉。有时候就算我催着她去刷牙，她也是刷两三下应付了事，根本没有认真地把牙齿刷干净。

有一次，我刚好看到牙医诊所面向小朋友组织"小小牙医"的体验观摩活动，便立即报名带她去参加了。在那里，护士姐姐带孩子参观了诊所，在这个过程中，孩子还观看了关于牙齿的纪录片。护士姐姐利用牙齿模型给孩子讲解了正确刷牙的方法，还让孩子穿上小医生的工作服进入诊室，在医生的指导下帮爸爸妈妈检查牙齿。那天刚出诊所，YOYO就非常主动地和我聊起了早晚刷牙的重要性。

"妈妈，我以后每天晚上都要好好刷牙，不然会长牙菌斑、牙结石，这些都是牙齿里的细菌，到时候我会疼得什么都吃不下，还得拔牙。""对啊，看来早晚刷牙真的太重要了，妈妈以后每天都提醒你，好吗?"我问道。"不用，我自己会提醒自己的，而且我每次刷牙一定要刷够3分钟，妈妈你也要做到哦。"当天晚上，YOYO刷牙时特别认真。现在，早晚刷牙已经成为她的良好习惯。

作为母亲，我一直认为对孩子的教育不是一个讲道理的过程，而是一个让孩子体会道理的过程。家长讲的道理往往是从成人的角度强加给孩子的。我们应该相信，无论孩子多小，他们都是有能力的学习者。因此，在教育孩子的过程中，我认为有两个关键词，即行动和体验。

正如在故事中，面对刷牙的难题，我并没有给孩子讲很多关于为什么要刷牙、不刷牙会有什么不良的后果等大道理，而是通过一次观摩体验的机会，让女儿从自己的角度出发，在真听、真看、真感受的过程中体会道理、感悟道理，进而塑造她的世界观。

生活中还有很多教育问题，我都试着让YOYO自己去行动和体验。比如上了小学后，我会创造各种机会让孩子学会独立制订计划，她需要自己安排自己的学习任务。当出现了与计划不符的情况时,我会和她一起找原因、想办法,几次之后她便明白了制订计划的重要性,也知道了计划要根据自己的实际情况制订。孩子需要通过自己的思考和探索来获取经验,而不是依靠大人的说教。再如,生活中女儿能分担的家务,我都会让她自己动手试一试。有一天,她对我说:"这是我的事情,我自己来,妈妈,你做家务已经很辛苦了。"这就说明她想要独立。当然,我会继续鼓励她,在适当的时候帮助她,让她能顺利地完成当下的事情。在独立的过程中,她也获得了满足感、愉悦感和成就感。

意大利教育家蒙台梭利提到过体验的重要性:"我听见了,我就忘了;我看见了,我就记得了;我做过了,我就理解了。"简而言之,孩子的成长与知识习得就是在不断积累、总结经验的过程中完成的。作为家长,我们要不断地学习,通过学习提升自己,更好地与孩子保持同频共振。

(松江区中山小学　董虹佑家长李佳)

陈陌，请亲启

——给儿子的一张张便条

8月6日：亲爱的孩子，感谢你帮妈妈把阳台上的衣服收回来，并整理收纳好，妈妈给你点赞！

9月16日：亲爱的孩子，妈妈认为你的书桌真的很乱，你已经是一位小学生了，你需要且有能力让自己的桌面保持整洁。妈妈希望你能在今天放学后整理好自己的书桌，并能一直保持整洁。

11月4日：亲爱的孩子，爸爸妈妈感受到了你昨天夹伤同学手指时的害怕与恐惧，所以我们当时没有批评你。虽然老师说你是无意的，同学的家长也没有责怪你，但这并不代表你的错误到此为止。你今天到校后必须向同学道歉，因为你的错误给同学的学习和生活造成了不便，他还要忍受疼痛。同时，你要向老师道歉，因为你的过失也给老师增加了负担和麻烦。希望你引以为戒，主动承担责任，有错必纠才是好孩子！

12月30日：亲爱的孩子，对不起，请接受我的道歉，昨天向你发脾气时，我没有充分考虑你的想法和感受，我认为我们有必要好好谈一谈，我想听一听你对这个问题的看法。

......

作为家长，相比学习知识，我们更希望培养孩子独立健康的生活能力。随着孩子慢慢长大，我们在喜悦与欣慰之余还有一些担忧。孩子已经有了一些主见，也有了自己的价值观，如何有效地与孩子沟通，是每一位家长应该思考的问题。

相信很多朋友都看到过"家长面对'不听话'的孩子时各种抓狂"的视频，往往作为旁观者的我们会大笑着讨论"这孩子太逗了""这孩子太厉害了""这孩子让人头疼"，有褒有贬。但仔细想来，其他家长在面对孩子做不好作业、贪玩、不听话时，又何尝不是一样的鸡飞狗跳！设身处地地想一想，大多数家长在和孩子交流的时候，都以一种"过来人"的身份自持，可是这种"过来人的经验"真的适合孩子吗？要么放任，要么高压，难道我们面对孩子的教育时只能采取这些极端的方式吗？

当然,市场上有种类繁多的育儿宝典,但我们必须找到一条适合自己的育儿道路。我在阅读完《天生有罪》这本书后,对书中主人公母亲的做法充满了敬佩。她在努力给孩子创造好的学习环境的同时,还不忘给孩子一个自由、平等、健康的沟通环境。思考至此,我家的"陈陌,请亲启"便条就这样诞生了……

简单的一张张便条,给孩子一种尊重,让他们不再感到畏惧;

简单的一张张便条,减少了正面冲突,给双方留下了思考的空间;

简单的一张张便条,留下了一个个成长的小脚印,让成长看得见……

简单来说,便条让沟通真诚且有效。

关于便条内容,我们首先要明白一个事实,每个孩子都有完整独立的性格,他们不是家长的附属品,家长要营造一种相对平等的沟通环境,让孩子觉得被尊重;其次要客观,无论是表扬还是批评,都不要泛泛而谈,要应该根据事实,不要情绪化地翻旧账;然后要设定一个合适的目标,让孩子稍微努力一些就能够达成,让成长看得见,小积累大改善;最后要放下所谓的身段,学会道歉,学会接受孩子的真诚反馈,让孩子从你的身上学会担当。

如果你还在和自己的孩子争得鸡飞狗跳,那么请你尝试着改变一下自己,不要因自己的担忧而压制孩子的天性,你要在尝试中找到一个平衡点,给孩子提供一个健康、自由的成长空间。

教育孩子需要一份真切的爱意。无论孩子学得如何,表现怎样,请给孩子一个温暖的拥抱,并对孩子说一句:"孩子,你辛苦了。"

(松江区李塔汇学校 陈陌家长陈子强)

放手是另一种陪伴

身为一个性格活泼的男孩的妈妈,在儿子的学校生活中,我的担心主要来自各种"小窗",有老师的,也有同学家长的,因为你永远不知道自己的孩子会给你带来怎样的"惊喜",虽然我不喜欢这些"惊喜",然而,很多时候往往事与愿违……

在一年级新生入学体验日,我就被迫加了一位家长的微信。原因是体验日活动上训练早操出操队列,我的儿子欺负了一位女同学,女同学回家后说腿肚子被踢疼了。我压着怒火问儿子到底是什么情况,儿子却毫无印象。在我的反复启发下,儿子仿佛顿悟一般,终于想起来了——他排队时觉得无聊,就踢了几下操场边上的小树枝,可能那个小树枝弹起来弄疼了女同学。儿子完全没有意识到自己的行为可能造成的危害,我无比生气地要求他向女同学道歉。儿子忽然犟了起来:"我不是故意的,你为什么非要让我道歉? 你就不能和他们说明一下吗?""不行,你自己的问题需要你自己处理!"在反复斗争几次后,儿子最终屈服于我的强势,心不甘情不愿地去向女同学道歉了。

其实,我知道问题的症结仍在。果然,时隔不久,他又和后座的同学闹得不开心。原因是上课时,后座的同学时不时地骚扰他,要么用脚踢他的椅子,要么用铅笔戳戳他。烦不胜烦的儿子每天回家都会絮叨,他满心期待着妈妈能出马,帮忙去解决问题。可是,在听完孩子的絮叨并努力安抚后,我并没有出手。儿子感到委屈,他实在无法接受"每次他需要妈妈支持的时候,妈妈都冷眼旁观"。即使儿子对我怀有各种不满,我依然不为所动,坚持要他自己去处理问题。这一次,我连方法都没有教他,因为我担心我的方法会让他的情绪反弹,即使这个方法从家长的角度来说是好方法,但是孩子如果不认可,他依然无法发自内心地认同。

隔了一段时间,这样的吐槽声不见了。我询问起儿子是如何解决问题的,儿子得意扬扬地说:"我发现他喜欢我的胶带,我就把胶带送给他了,然后我们成了好朋友。他答应以后再也不干扰我了!"果然,从此以后,儿子和后座的同学和谐相处,再也没有出现过任何摩擦。

三年级的一个学期末,成绩平平的儿子竟然高票当选了班级"优秀队员"! 我无比惊讶,儿子得意地说:"谁叫我人缘好呢……"我终于明白,他已经学会自己处理人际关系了,我在内心忍不住为他点赞!

育儿路上,即使身为教师、有着一堆的教育理论傍身,但实践起来,我也经常会纠结:孩子的成长路上,是"及时递伞"还是"任其风雨"? 很多时候,我更愿意做一个倾听者,处理问题的主导权最终应该放在孩子手里。作为家长,尤其是有着教师身份的家长,习惯把职业角色带入家庭教育中,我们经常会迫不及待地显示自己的教育特长,急于出主意、给建议,殊不知这种"全面包办"式的教育模式会束缚孩子的手脚,使孩子丧失很多自我历练的机会。我们常说"陪伴是最长情的告白",其实,放手也是另一种陪伴。

故事到这里应该圆满了。然而,我又接到了老师的"小窗"……一招鲜固然好,但在育人的话题上其实恰恰没有一招鲜,每个孩子都是有差异的,哪里有什么万能膏药呢? 如果非要说有,我想:细心地观察自己家那个独一无二的孩子,充分地给予他信任,可能是一个好招数。

(上海师范大学附属外国语小学　金轩逸家长高芬华)

输不起的莎莉长大了

读书,本就是我生活和工作中的一部分,有了孩子,我便带着她一起读绘本,孩子自然而然地对图书产生了浓厚的兴趣。孩子两岁前的共读经历真是温馨的亲子时刻——孩子软软的身子依偎在我的怀抱里,小手指指画画着听我讲故事,小脸上洋溢着欢乐,我也弥补了童年没有书可读的遗憾。

随着女儿慢慢长大,她的个性逐渐显露,当然包括一些让人抓狂的个性,于是在每天的共读时间,我会刻意引导她。可慢慢地,我发现,共读的时刻不再那么美妙,可能说教的痕迹太过明显,对孩子来说不再是单纯地享受妈妈无条件的陪伴与爱。女儿开始有些急躁,也有些放不开,做事情的时候会看大人的眼色。反思许久,这不是我教育的目的,我要的是一个自信快乐、天真率性且有分寸感的孩子!

女儿好胜心强,与小朋友一起玩时要当小领导,要争第一,达不到自己的目的就会不开心,一点也输不起,这让我感到担忧。我从网上搜索到《输不起的莎莉》这本书,买来后我自己先读了一遍,认为它比较适合女儿,输不起的莎莉简直就是她的翻版。我有意把这本书放在了书架上显眼的位置,希望能够引起她的注意,并让她有所思量。

渐渐地,我发现女儿在家里似乎不像以前那样争强好胜了。抓住一次偶然的机会,我和女儿闲聊,她提到了她的朋友们。

"我本来想和×××做好朋友,可她太争强好胜了,什么都抢第一,得不到就不开心,还不遵守规则。妈妈,你说我是不是应该把我的《输不起的莎莉》借给她看看?"

"好胜心强是好事啊,可以让人变得更优秀呢!"我故意说。

"但是妈妈,大家一起玩的时候,她得不到想要的东西就哭鼻子,还耍赖,就像输不起的莎莉一样,我们都不喜欢她。"

"哦,这是有点儿让人扫兴!"

"我之前也是这样,真是羞愧!我向莎莉学习,改掉了输不起的坏毛病,这样才能交到更多的好朋友。"原来,女儿看了这本书,还改掉了自己的坏毛病,我心里窃喜。

"妈妈,你还记得暑假去旅游时,我不想参加拔河比赛,也不让你参加的事吗?"说着,女儿低下了头。

"记得啊! 宝贝,你怎么突然提起这个?"女儿说的是有一年暑假里我带她去内蒙古旅游时发生的一件事:我们一行人在草原中行走,遇到一个组织拓展训练的团体在进行拔河比赛,于是大家凑到了一起。其实我记忆犹新,但依旧反问她。

"妈妈,对不起,那天我不想参加拔河比赛,是因为我觉得输了会没有面子!我感觉自己就是输不起的莎莉,我不敢参加,也不想让你参加……"

"没关系,宝贝,后来我们不是也参加了吗? 那天大家都玩得很尽兴。尤其是你们小朋友和大人比赛时,竟然还赢了呢! 之后,你们小朋友之间更团结了,不是吗?"

"是的,妈妈,我以后再也不会这样了,哭哭啼啼会让人讨厌,我要做勇敢的莎莉!"

输不起的女儿长大了,明白了输赢不是那么重要的事! 她自己的领悟胜过我的万句说教! 作为家长,我需要做的就是,根据她的成长情况,为她搭建一个书的阶梯,适当引导,陪伴她一起攀上高峰。我坚信书会给我一个健康、快乐、阳光的孩子,会教给她许许多多正能量的知识!

(松江区第二实验小学　李奕歌家长王凤华)

辣妈育儿经

——小星星，大追求

日月如梭，孩子从曾经只会咿咿呀呀的小宝宝变成了如今的小大人。自从有了孩子，我感触颇深，教育孩子比生育孩子要难许多。虽说我经常翻阅杂志、书籍去学习好的育儿方法，但实际执行起来还是感觉力不从心。因为随着年龄的增长，孩子的自我意识、独立意识逐渐增强，他们是独一无二的个体，世界上没有适合所有孩子的教育方法，这就需要我们去探索、发现适合教育自己孩子的方法。所以说，做妈妈是一生的功课，我们需要不断地学习和探索。

记得有一年冬天，我带孩子去小区公园里玩，凡凡看到有一个孩子在玩平衡车，他既好奇又惊喜，瞪大眼睛看着，一点儿也不想离开，还很羡慕地说："妈妈，我也想买一辆平衡车……"我想了想说："好呀，但你要靠自己的努力去买一辆属于你自己的平衡车……"孩子还没等我把话说完就满心欢喜地答应了。安抚好他，我接着说："你要拿80颗星星来兑换购买属于你自己的平衡车。"孩子一听需要80颗星星，先是犹豫了一会，后又信心满满地答应了。这里解释一下星星的由来：它是家里积分鼓励政策的一部分，每当孩子完成一项家务、学习任务时，他都会得到相应的星星作为奖励，每10颗星星可以兑换实现一个小愿望。80颗星星并不是一个容易完成的任务，但凡凡为了心心念念的平衡车还是决定去努力一下，我也期待着这样的鼓励会让他有所收获。

如果说平衡车是一个大目标的话，一颗颗小星星就是一个个小目标，小星星让大目标不再显得那么遥远，让孩子有了足够的动力，一步步地靠近大目标并且达成它。从那以后，凡凡确实有了变化。首先，他学会了合理安排时间。他能在有限的时间里依照着轻重缓急难易程度，尽可能地安排好学习任务的完成顺序，还能保证完成的质量。其次，看到不断增长的星星个数，他感受到了前所未有的成就感，这种成就感激励着他更加努力地完成各项任务。经过三个月的努力，他终于积攒了80颗星星兑换到了平衡车。在这三个月里，凡凡一开始时积极又上进，满腔热血，但随着时间线的拉长，他还是有些厌烦了，虽然每天都在获得星星，但80颗星星的目标依旧遥不可及，这让他有些想要放弃。我心里有些难过，如果这次他不克服困难，那么以后对于很多事情他都会半途而废。这次，我要让他学会克服困难，坚持下去。我鼓励道："凡凡，多一份坚持，才会多一份希望，你也会离成功更近一步。你愿意多坚持一段时间体验成功吗？"他若有所思地想了一会，露出了笑容说："妈妈，我还想再试一次，我想获得属于我自己的平衡车。"这下他来劲了，接下来的日子里又是满腔热血。终于，在三个月后他兑换到了平衡车。

他高兴极了，当天就拿着平衡车去小公园学习。他刚开始时兴趣很大，但胆子有点小，又总是把握不住平衡，时常摔跤。他哭丧着脸说："太难了，我不学了，等我以后长大了再学。"听他这么说，我又想起了他在收集星星时遇到的问题，便提醒他是如何拥有了自己的平衡车的。他若有所思地想了一会，露出了笑容说："妈妈，我还想再试一次。"这下他来劲了，他试着用身子调整方向来保持平衡。孩子学习新技能的速度很快，一会儿工夫，他就能很好地掌握平衡了。他自豪地说："妈妈，快看，我学会了！看来多一些尝试，多一些坚持真的会成功。"我一听，心里很是欣慰，孩子懂得了"在困难面前不低头，多一些尝试和坚持，就会离成功更近一步"的道理。

在孩子成长的道路上，我一直试着站在他的角度去考虑、理解、鼓励他，把大目标转化成一个个小目标，让大目标看起来不是那么遥远，让孩子在实际行动中收获成功。

（上海师范大学附属外国语小学 施翊凡家长李艳）

专题六

家有二宝

用爱诠释被爱

——我们仨的故事

3岁半的小女儿、7岁半的大女儿和我,关于我们仨的故事……

在我30岁那年,因为大女儿的出生,我多了软肋,却也感到非常幸福。大女儿3岁那年,我带她去早教班,当我紧紧拉着她的手走向陌生的环境时,她没有胆怯,倔强地挣脱了我的手,径直向小朋友走去。那时,我才恍然大悟,大女儿需要的是玩伴而不是妈妈的陪伴。于是,我有了生二胎的计划,妹妹就这样在姐姐的期盼中出生了。我没有手忙脚乱,也没有措手不及,一切都是最好的安排。随着小女儿的长大,她与姐姐的互动越来越多。每每看到两姊妹互相陪伴的背影,我都会心一笑,我爱这样的氛围,也很庆幸自己当初的决定。

当然,日常生活中这样和谐的画面并不多。我们仨是完全不同的性格,大女儿是典型的处女座,喜欢干净、整洁,性格倔强;小女儿是金牛座,一切利益至上,性格谦和;我是双鱼座,性格多变,每每要靠一些小技巧来平息战争……

1. 转移

随着小女儿一天天长大,她经常会因为姐姐有什么东西自己却没有而生气。出现这些矛盾时,耐心解释是完全没有用的,让大女儿谦让给小女儿也是不可能的。并且,我也不可能把所有的东西都买双份。我的做法就是讲故事,姐妹俩都是故事迷,一听到有故事听都会安静下来。让我来讲一个姐妹俩用各自的武器齐心协力打败怪兽的故事吧……

听完故事,姐妹俩会拿着各自的"武器"展演自己的故事情节,乐在其中。虽然这招对姐妹俩非常有用,但还是治标不治本的,在日常生活中,我会不断找机会讲述分享的好处,还会引导她们为彼此挑选礼物。我希望她们有一天能真正懂得姐妹间重要的不是争抢着去占有,而是希望对方拥有的更多。

2. 示弱

不喜欢睡觉好像是两个女儿的天性,因为她们还没有玩够,每到晚上睡觉时间,家里都会出现我的怒吼声:"已经到睡觉时间了,不要再玩了! 快关灯了,不然我要生气了!"但这些话基本没什么作用,后来我尝试好好地跟姐妹俩分析为什么我希望她们准时睡觉："每次你们晚睡,妈妈都会很自责,因为我第二天叫你们起床时,你们都是没睡醒的样子,然后妈妈就会想着姐姐要上一天的课,会无精打采,妹妹也会在幼儿园打瞌睡,我心里就会很后悔没让你们早点睡!"听完我的话,姐妹俩就乖乖地去关灯睡觉了。虽然现在到了上床时间,我还是要督促和提醒她们,但只要我一说"还是早点睡觉吧,不然明天一早叫你们起床,你们都没睡好,妈妈又要难过了",姐妹俩就乖乖地去睡啦。爱孩子的方式有很多种,而我喜欢平视甚至仰视自己的孩子。

3. 桥梁

现在,大女儿上了小学,小女儿上了幼儿园。小女儿会回家睡午觉,大女儿四点放学。每天"接姐姐"可是小女儿最期盼的一件大事。有一次,到接大女儿的时间了,小女儿还甜甜地睡着,我没忍心叫她,就一个人先走了。结果回到家,孩子姥姥说刚刚小女儿哭得很伤心,过半个小时了还停不下来。我把这些转述给大女儿,大女儿一听急匆匆地走过去,轻轻揽着妹妹说悄悄话。大女儿在小女儿心中的位置不言而喻,相信大女儿也能感受到这份难得的手足之爱。姐妹俩能成为一家人,一起相处,一起长大真是一件美好的事情。我就是她们爱的桥梁。我要好好珍惜现在她们在身边的日子,妈妈的角色让我感到幸福,也希望这份幸福会一直围绕着姐妹俩……

我们仨的故事还会继续下去,亦惊喜,亦平淡,可能行云流水,也可能荆棘丛生,但不变的是我们对彼此的爱……

（东华大学附属实验学校　何祺琪家长赵方道）

爱的天平一

小女儿出生时，我请大女儿给她起一个小名。当时四岁的大女儿歪着脑袋，认真地想了一会儿，说："叫爱心，怎么样？"这个名字出乎我的意料，但真切地打动了我。

在大女儿两岁时，我因为工作需要学习了心理学。我至今还记得一位教授在课上提出的两个问题：(1)你对孩子的期待是什么？(2)家里弟弟妹妹出生后，大宝的表现跟以前相比有没有发生变化？对于第一个问题，我回答道，我希望孩子健康快乐。教授笑着说："那是因为你的孩子还小，随着孩子长大，很多家长的期待会越来越多，希望孩子听话，希望孩子能够认真学习，希望孩子有一技之长，希望孩子能出类拔萃……很多家长会越来越远离对孩子最初的期待。"对于第二个问题，我当时还无法回答。一些有两个宝贝的同学回忆了一会儿，纷纷点头，分享起在养育两个孩子的过程中品尝过的酸甜苦辣。没想到，第二个问题在两年后同样摆在了我的面前，向我要着答案。

在小女儿出生前，一件发生在身边的小事让我深有感触。在产房，隔壁床的产妇刚生了一个小男孩，亲朋好友围在小宝宝身边笑着、议论着，不时回头对小男孩的哥哥说："看看你弟弟，他比你小时候眼睛大，又乖，吃饱了就睡，一点儿也不闹。"我分明看到这个哥哥眼中的失落。他默默地待在人群外，不愿意去看弟弟。我为这个哥哥感到难过，也为家长感到惋惜，这本是一个培养兄弟情谊的好机会，却因为一句无心的话而伤害了哥哥的感情。在生活中，我们经常见到类似的情况，有人会说："有了弟弟妹妹，妈妈就不是爱你一个了！"有人会说："有了弟弟妹妹，你这个当姐姐的，就要有姐姐的样子。"我们常常忘了，这个姐姐或哥哥也不过是一个孩子——一个需要很多爱的孩子。如果我们告诉孩子原本属于他的爱会被别人分走，他又怎么会发自内心地接受弟弟妹妹的到来呢？

在迎接小女儿降临的过程中，我们打定主意，要一碗水端平。我庆幸自己学过心理学，打算运用学到的知识和心理咨询技巧，给大女儿提前进行心理建设。我认为，比较与忽视是伤害孩子心理的两大要素，我要尽量避免这两方面可能会给大女儿带来的心理影响。于是我们告诉大女儿，有了妹妹，家里就多了一个爱你的人。不只是爸爸妈妈爱你，还有一个爱你、敬你的妹妹。生活中，如果出现家人把姐妹俩拿来比较的情况,我就会补上一句,姐姐和妹妹当然不一样,各有各的特点。每个人都是独一无二的。

我们自以为做得很好,大女儿对小女儿也非常关爱,会向小伙伴自豪地介绍:"这是我的妹妹!"但不久后发生的一件事还是警醒了我。大女儿上幼儿园中班时,老师私下对我说:"不知道为什么,最近她不像上小班时那样愿意举手发言了,她的表现有些反常。"确实,我有时忙于照顾小女儿,无意中忽视了大女儿,让她的心里有一些失落。不知从什么时候开始,她常常在睡觉前告诉我她后背痒,想要我帮忙挠一下,还学会了用上下左右来指导我抓挠,往上一点,再往左一点,向右向右……而她的后背其实也没有什么异常。孩子姥姥说,自从我住院开始,她就有了这样的情况,每天晚上,姥姥都会帮她挠背。我想,这也许是让她获得安全感的一种方式。孩子爸爸为了方便我照顾小女儿,也为了多陪伴大女儿,会在白天带大女儿出去玩,去游乐场或者逛公园。渐渐地,大女儿对爸爸更加信赖,父女的感情更加深厚,以至于跟爸爸出去玩成了她的特权。即便如此,夜里睡觉时,她依然会寻求安慰,还会模仿小女儿的行为。心理学知识告诉我这是退行。我告诉她,妹妹还小,你已经长大了。但"为什么妹妹可以,我不可以"的困扰还是会伴随着她。我只能耐心地解释:"等妹妹像你这么大了,也不可以这样。"

要维系爱的天平,不仅需要不断地平衡、权衡,还需要适时加码和减码。当小女儿犯错时,我们会认真严肃地批评她,才会看到大女儿安心的目光。只有如此,她才能知道,无论年龄大小都要分清对错,对了就会得到表扬,错了就会被批评。因此,她也养成了遇到问题时分辨对错的习惯。现在,姐妹俩常常一起玩,过家家、做手工。虽然有时她们会争吵打闹,但一般不到十分钟就恢复如初。两人的交往渐渐形成了"姐友妹恭"的模式。大女儿平时会教小女儿穿衣服、画画。小女儿不爱吃蔬菜和水果,大女儿也有办法让她勉为其难地吃上一口。可不知从什么时候开始,大女儿学会了以爱的名义要挟妹妹,以此达成她的目的。我们常常听到她严肃认真地对小女儿说:"你不把这个玩具给我,我就不喜欢你了!"我们哑然失笑,看来心理建设并不是一蹴而就的。我恍然间有所领悟,心理学、教育学是育儿路上的捷径,但育儿实战中却没有一劳永逸的事。家长只有把自己看作既辛勤又有耐心的园丁,每日里不停地观察种子的状态,干了浇些水,不时再松松土、捉捉虫,新芽才会健康快乐地成长。

(东华大学附属实验学校　马霄晴家长张莹)

爱的天平二

"你为什么就不能对我笑一下,每次都是刚厉声呵斥完我,转身就对妹妹笑眯眯的,是不是这个家只要有妹妹就行了?"儿子边哭边对我咆哮。

事情的起因是,二宝拿了一支笔在废纸上画着玩,画着画着,就把大宝的课外书拿过来边画边撕,大宝抢书时吼了二宝,二宝一边哭一边跟我告状:"妈妈,哥哥凶我……"我笑着安慰二宝:"没关系,不哭不哭,你以后不要撕哥哥的书了,好吗?"转身,看到大宝在拿胶带粘课外书,想想他上九年级了,学业忙,我便提醒他早点做作业,然后继续安抚哭闹的二宝,再看看大宝,似乎没有要停的意思,他还在不紧不慢地粘课外书,我就着急起来,抬高了声音催他做作业了,转过头又继续乐呵呵地哄二宝。又过了一会儿,我发现大宝还在摆弄那本课外书,火气一下子就上来了:"十几分钟过去了,书破了就破了,你作业不做,不停地粘,平时也没看你这么爱惜书,你就是不想做作业。我已经提醒你好几遍了,你没听到吗?为什么每次都要我重复好几遍?"我的话还没说完,儿子突然崩溃大哭:"为什么!你为什么一直对妹妹那么温柔,你就不能对我也好一点吗?"面对哭得一塌糊涂的儿子,我愣住了,原来我一向觉得听话懂事的大宝心里竟然是这样想的,难道真的是我倾斜了爱的天平吗?

在我的心中,我一直认为,大宝是"宠妹狂魔",平时谁要是弄伤或者没有照顾好二宝,他都要责怪半天;遇到好吃的,他自己不吃都要带回家给二宝;他每天回家第一件事,就是陪二宝玩一会儿,他经常说他已经长大了,不用我操心他,要我多陪陪二宝。我从来没有想过,大宝在心里也会跟二宝"争宠"。

虽然平日里我认为自己对两个孩子是一视同仁的,但现在,我不得不思考二宝的到来对大宝来说意味着什么,是欢乐,还是威胁,或者二者兼有。毕竟,二宝分掉了大宝本来独享的爱。

经历过这件事,我开始反思二宝到来后家里的种种变化。以前,大宝学习进步了,我总会给他准备一些小礼物作为奖励,现在我总觉得他长大了,渐渐不买了;以前,我最喜欢给大宝做好吃的,现在忙于带二宝也难得下厨了;以前,我做的泡芙是大宝的最爱,现在,烤箱已经闲置很久了。想到这些以后,我一下子就理解了大宝内心的感受，于是我决定做出一些改变。那个周五，我提前准备好食材，周末趁着二宝睡觉的时间，做了大宝爱吃的炖牛肉，又剁肉擀皮给他包了纯肉饺子，还烤了他钟爱的泡芙。做好这些，我又和二宝一起去接上吉他课的大宝。看到大宝，二宝摇摇晃晃地跑到他的怀抱里，奶声奶气地撒娇："哥哥抱抱！"然后，大宝抱着二宝一路欢声笑语地回家了。

大宝看到桌上的泡芙，惊喜地问我："妈妈，你自从生了妹妹，烤箱都没用过，今天怎么想起来做泡芙了，还包了妈妈味道的饺子？"我笑着说："虽然做起来有点费时费力，但是因为你爱吃，妈妈便趁妹妹睡觉的时候给你做了，只要你喜欢吃，妈妈就乐意做！"看着大宝满足的样子，我知道我的确是忙于照顾二宝而忽略了他。以前，大宝每次开心的时候都会给我一个拥抱，大概有两三年，哪怕在他拿了奖杯的时候，他都没有主动要求拥抱过，我们上一次拥抱，已经是我怀着二宝的时候了。

晚上临睡前，我拿出精心准备的动漫卡，和颜悦色地对大宝说："儿子，你最近学习状态不错，这是妈妈奖励你的。你和妹妹出生之前，在天上不停地选妈妈，那么艰难地选啊选，妈妈很幸运地被你们选中了，所以妈妈对你们的爱从来都不分彼此。你是哥哥，爸爸妈妈第一个关注和付出的永远是你，我们也会一直这么做。儿子，你也很棒，你在各方面都是妹妹的表率。"大宝有些不好意思了，伸出手臂对我和二宝说："我知道啦！抱一下！"一家人开心地拥抱在一起。

现在，大宝进入了我们期待又担忧的青春期。我们时刻用这样的一首诗来勉励自己：

如果有一天/孩子冷落了你/伤害了你/请你记住/那一定是/必然是/孩子迫不得已/我们要学着/学会/像孩子一样/柔软/单纯/包容和感激/因为他们一直都这样爱着你/护着你/就像你爱你的父母/在心底深深地爱着。

爱的天平，我们从来都没有倾斜，孩子也是。

（东华大学附属实验学校 熊嘉和家长李小琴）

心结易结也易解

在我家,两个孩子之间的矛盾总是层出不穷,因为鸡毛蒜皮的事都能吵一架。前几天,姐妹俩因抢一个手抓饼又吵了起来,二宝上前打了大宝,大宝不敢还手,但把二宝的那个饼直接扔到了垃圾桶里作为报复。奶奶还评论道:"大宝是不好,一点也不让,浪费了。"奶奶无意偏袒,但觉得二宝还小,教育大的总是不错的。挨打加挨批的大宝,眼圈一下子红了,气呼呼地看着奶奶。吃饭时,二宝还采取了先下手为强的策略,说到打人的事就生气地回房间了。

饭后,我单独找了大宝了解事件的原委,从她的话语中,我感受到了她的情绪:"我又没多吃,我已经放开了,她还打我,我没办法,又不能打她,只能把饼扔了……奶奶每次都是说我。"她的话语中出现了很多情绪的标志词:只能、每次、都是。我脑子里想了想,局面太乱了,还是先把大宝安抚好,让大宝帮我去安抚二宝:"你没有还手做得很对,但下次你可以向奶奶求助,不要蛮干,你听听妹妹的哭声,她分明是哭给我们听的,这么久了都没人去劝劝,这下尴尬了,她自己不好意思出来,要不你去吧,你小时候也是这样的……她跟你最亲了。"懂事又感性的大宝很好劝,小脸多云转晴了,进去把二宝哄出来吃饭了。

我们是二孩家庭,这样的矛盾与冲突是家常便饭。因为担心孩子因打闹而发生意外伤害,我们对大宝的要求是坚决不能还手。好在大宝非常懂事,但这也产生了负面影响,大宝压抑了自己的情绪。随着孩子的成长,这种感觉越来越强烈,我才开始寻求解法。一是让大宝以她的方式讲述事实,哪怕与实际情况有偏差也没关系。二是从中感受她的情绪,适时介入并提供情感支持。三是做出合理的回应,大宝在讲述自己的委屈时,对我是有期待的,比如,她们俩争吵了,大宝在讲述事实时,心里往往有这样一种需求:妈妈,你给我评评理。这种情况下,我一般先肯定她的正确行为,再讲讲她的不足之处,最后和她一起商量解决方案。四是秉承我一贯爱敲打的教育理念。我一般会当着两个孩子的面,把两人的错与对都说一说,让她们成为一个战壕里的战友,这时,即使没有正式的握手仪式,姐妹俩的矛盾也能化解了。

(松江区实验小学　奚琳涵家长奚玉婷)

办法总比困难多

——二孩家庭学习氛围的营造

对于刚刚立足的"新上海人"来说，二孩家庭的挑战无处不在，尤其是在家庭教育方面。如何兼顾两个孩子不同的成长阶段和发展路径，基于孩子的性别和性格差异进行个性化的培养，同时又能让孩子获得一种被家长公平对待的感受，是一个值得持续思考的问题。

我家女儿上三年级，儿子上一年级，每天放学后安排家庭学习辅导是一个大难题。两个孩子都有作业打卡任务要完成，复习、预习课本内容也不能少。而且，不同年级的学习要求迥异，一年级的学习内容简单但对细节的要求较高，重在学习习惯的培养；三年级的学习内容深且节奏快，需要孩子更多地探索与尝试。由此带来的时间分配、学习内容安排等方面的挑战，让我在一次次的"风格切换"中顾此失彼。

面对家庭教育中出现的问题，我们反复思考和改进。我们清楚地认识到，"家庭教育是为了孩子健康快乐地成长"这一中心思想不能变，而学习是孩子当前成长道路上的重要任务，我们从家庭氛围营造和学习环境建设两方面入手，尝试了很多教育方法，并总结了一些技巧。

一是小老师传帮带。姐姐是弟弟天然的小老师，我们引导女儿通过"做弟弟的小老师"来规范自己的学习行为，我们赋予她指导弟弟学习的权利。我们经常把姐弟俩分别比作一艘大船和一艘小船，大船的任务是带领方向不走弯路，小船的任务是跟紧大船不能掉队。家长是海港，为大船和小船的航行提供支持。

二是合理利用碎片化的时间。因为两个孩子的学习任务不同，偶尔还有一些线上或线下的兴趣班，各自的学习时间难免会呈现碎片化的特征，有时甚至会出现没课的弟弟陪着有课的姐姐出去上课的情况（孩子过小，尚不能独自在家）。这个时候，赶路和等待等零散时间的利用就变得十分重要。两个孩子早已熟知"聚沙成塔"的故事，所以在学习任务的安排上，书写类和计算类的内容会优先在家完成，背诵类和阅读类的内容会利用相对灵活的时间完成。我们把碎片化的时间充分利用了起来。

三是多做游戏,少填鸭。爱玩是孩子的天性。二孩家庭相较独生子女家庭的优势是玩伴一直在身边,所以在家里我们总是尽力把学习任务设计为游戏,让孩子玩起来,在玩中学。比如,我们制作了汉字生字卡片,设计了名为"吃成胖子"的游戏,同一张卡片,要求弟弟会认和会读,要求姐姐会写和会组词造句。再比如,我们根据扑克牌设计了数字游戏,随机抽出一组数字,要求弟弟做加法和减法,要求姐姐做加法、减法、乘法、除法。在游戏的氛围中,孩子感受到了赢得比赛的喜悦和运用知识解决问题的成就感。

四是营造民主、公平的家庭氛围。我们努力营造让孩子有话敢说的家庭氛围。在非原则性的问题上,我们会让孩子充分表达自己的观点,而不是告诉他们所谓的正确答案,锁住他们自由思考的翅膀。我们尽量不用"你应该……""你必须……"等表述方式,而是更多地进行"你是怎么想的""告诉我为什么"等提问式探讨,让孩子的脑筋开动起来。只要孩子能做到言之有理和自圆其说,在我们家都是可以被采纳和接受的。

以上是我们现阶段在家庭教育方面的一些实践经验。在学习和生活方面,孩子是懵懵懂懂的小学生;在家庭教育方面,年轻的家长又何尝不是小心探索的"小学生"? 我们始终相信态度决定一切,只要我们心怀热情并为之努力,就一定能获得令人满意的结果。

(上海师范大学附属松江实验学校　宋洁家长张璐言)

我家育儿那点事

我们家有两个男孩，兄弟俩相差四岁多。哥哥出生的时候，我们第一次做父母，喜欢对着育儿书籍解答问题，哥哥被我们养得很金贵，一家人争来宠去，育婴产品、生活用品等都要尽力给他最好的。经历了大宝的养育过程，我们悟出了一些道理，在二宝到来时，一家人都感慨要学会别人家的"散养"模式。

孩子的品性一半是天生的，一半是在家庭和生活中熏陶培养的。二宝出生之后，家里从以大宝为中心逐渐变成了以比较小的二宝为中心，而在和弟弟一起成长的过程中，大宝也渐渐养成了自信、独立的品格。在生活中，大宝会和我们一起照顾弟弟。比如：跟妈妈一起给弟弟换尿不湿；帮爸爸递奶瓶，和爸爸一起给弟弟喂奶；给弟弟放睡前童谣，然后跟弟弟一起听着入睡。又比如：弟弟把磨牙棒和玩具弄得乱七八糟，哥哥帮忙归位、收拾到收纳箱。当然，这些不是孩子天生就会做的，也不是他一开始就肯做的，只是因为我们用了一点点"拍马屁"的小伎俩。我们会说，"宝贝，爸爸妈妈需要你的帮助""宝贝，是时候展示你男子汉的力量了""宝贝，你就是我们的小管家，家里没你真不行""宝贝，幸亏妈妈有你这样的小帮手，妈妈为你感到骄傲"……大宝在我们的糖衣炮弹之下，自信满足地帮我们做了许多事情。我们也神奇地发现，幼儿园大班的老师经常表扬大宝："你是老师的好帮手，每当教室乱哄哄的时候，你总能第一个站出来跟老师一起收拾残局。"二宝的到来，让大宝的生活充满了自豪和成就感，大宝也变得更有爱心，更加独立。从上一年级开始，大宝独立睡一个房间，每天早上被自己调好的 6：30 的闹钟叫醒，独自起床、穿衣服、洗漱、吃饭，从来不需要大人的催促；放学回家后的第一件事永远是洗手，然后去房间完成作业，从来不需要我和孩子爸爸操心。每当别的家长听我提及大宝的作息时，都会投来羡慕的目光，其实我想说的是，孩子远远比我们想象的更加坚强、有韧性，他们只是需要家长给他们提供一个独立自主的平台。

在孩子的教育和养育中，我们也有自己的"法宝"。一是倾听。孩子从学校回来，总是喜欢拉着我讲在学校发生的事情、某些很冷的笑话。有时，即使我觉得某件事情一点都不好玩、不好笑，我也会专心地聆听。二是陪伴。在家里，我和孩子爸爸进行了家务分工，保证每个人都尽可能地抽出时间陪伴孩子。晚上，我会拿一本书坐在做作业的孩子身边阅读。周末,我和孩子爸爸会尽量抽时间陪着两个孩子去图书馆、公园、运动馆等孩子想去的地方学习、玩耍、运动,让孩子在学习之余好好放松。寒暑假,我们会征求孩子的意见去自驾游,让他们看看沿途的风景,并且把风景和感受记录到日记中。通过倾听和陪伴,我们更加了解孩子内心世界的变化,清楚地看到了孩子的成长。

教育孩子是一门无穷无尽的学问,我们一直在摸索中前进,不断碰壁,不断寻找新的方法。可怜天下父母心,相信天下父母都有一个共同的目标,那就让我们一起努力,跟孩子一起进步吧! 相信我们的努力终有开花结果之日。

(松江区中山永丰小学　叶子骞家长时文文)

用一颗平常心看待二孩养育

我家有两个千金,小女儿上一年级,大女儿上三年级。在家里,很多时候妹妹是由姐姐带着的,妹妹和姐姐的感情很深。在培养小女儿的过程中,我充分挖掘了带大女儿的经验,引导两个孩子一起健康成长。

1. 摆脱依赖,培养孩子的独立性

小女儿从上幼儿园开始就跟着姐姐睡,最初,姐姐帮助她穿衣服、洗澡。因为担心她过分依靠姐姐,我就跟她讲,姐姐从上幼儿园小班开始就自己穿衣服了,妹妹要向姐姐学习哦。作为两个孩子的妈妈,我跟孩子说的最多的就是自己的事情自己做,妈妈的事情帮着做。因为有比较,妹妹在很多事情上都会看姐姐怎么做,然后跟着姐姐学。平时,妹妹也经常会帮我做一些力所能及的家务。

2. 不怕失败,让孩子乐观面对

大概是因为处于换牙期,小女儿经常生病请假,错过了学校里的一些课程。因此,她的成绩不是很理想。我记得最清楚的是有一次期末小测试,小女儿数学没考好,我去晚托班接她的时候,她看到我的第一反应就是哭着跟我说对不起。我跟她讲你没有对不起妈妈,这次没考好没关系,说明你还有进步的空间,不代表你一直都没有学好,我们下次要努力做得比这次好,学习使人快乐,我们要快乐地学习。

3. 学会自信,让孩子不轻易否定自己

平时,我喜欢逗小女儿。因为担心姐姐学习成绩好,会让她有压力,我便通过有意比较来增加她的抗压力,再通过鼓励来帮她学会肯定自己。比如,姐姐比妹妹白,我就会逗她,说她是一个小黑姐,她没有姐姐漂亮。最初,她会说姐姐漂亮,然后我就会问她"你丑吗",她说不丑,我继续问"是你漂亮,还是姐姐漂亮",她想一想后会说"我漂亮"。我会告诉她,每一个孩子都是独一无二的,你们都是妈妈喜爱的孩子。在碰到姐姐不会做的事情时,我也会让妹妹来尝试,并且跟妹妹说,你看,姐姐都不一定会做的事情,你却敢于尝试。我经常会跟两个女儿讲,遇到事情不可怕,可怕的是你在还没有做之前就选择否定自己,一遇到事情就逃避。

4. 学会担当，让孩子不轻易放弃

虽然小女儿才上一年级，但我对姐妹俩的教育方式是一样的——选择放手。平时，我喜欢让姐妹俩为自己的事情做决定，如果做好了决定就不能轻易更改，自己做出的选择，自己要承担一切后果。姐妹俩选学习用品、玩具等，都自己做决定，互相分享，而不会互相争抢。

在小女儿的养育上，因为有了大宝的养育经验，我们并没有很精细。但在日常的教育中，小女儿也是一张全新的白纸，不同的是在上面画画的人已经有了教育大女儿的经验。作为家长，我们要学会给孩子适当的空间，适当地提出我们的建议，我们也要享受家有二孩的喜悦，带着两个孩子一起健康成长。

（松江区新浜学校　孟语馨家长田瑞杰）

小目标，大追求

——积分奖励下的二孩家庭

我们家有两个男孩，哥哥上一年级，弟弟上幼儿园中班。作为家长，我们不遗余力地陪着兄弟俩共同成长、进步。

在新学期开学之际，我们给哥哥制定了积分奖励办法，即根据他日常学习生活中的表现（如作业完成情况、作息情况、家务劳动情况等）给予相应的积分奖励，在月末或学期末，他可以利用这些积分换取自己想要的奖品。刚开始，哥哥不习惯这种规则，老是想偷懒、找借口，赚取积分的速度很慢，但他也不当一回事。经过几天的观察和分析，我们发现一开始的目标定得有些高了，哥哥实践后觉得难度很大。于是，我们调整了积分奖励办法的内容。经过一个月的努力，哥哥终于靠自己的坚持赚到了足够多的积分，并提出要用 100 积分换取一个小的乐高积木，我们非常高兴地让哥哥自己挑选奖品。弟弟看到哥哥有奖品可以挑选分外激动，非要买一把玩具枪。我们马上制止弟弟，和他讲明哥哥是通过自己的努力才得到了奖品，但弟弟这时就像一只小猢狲，使出各种招数，弄得家里一地鸡毛。孩子奶奶看不下去了，希望我们也能给弟弟买一个礼物，但我们仍然坚持原则。我们耐心等待半个多小时后，弟弟渐渐冷静了下来，或许是看到哥哥得到好处了，他居然提出来要像哥哥一样通过赚取积分得到礼物。在哥哥成功用积分换取了奖品后，我们也给弟弟制定了一套属于他的积分奖励办法。

问题解决后，我们进行了反思：（1）给孩子制定的目标一定要合理，我们第一次制定的目标太高，孩子达不到便不想参与，而调整后的目标更符合实际，孩子的积极性就提高了；（2）实质性的奖励是对孩子进步的一种肯定，但不是唯一的奖励手段，对孩子具体行为和进步的认可与鼓励也是必不可少的；（3）家有二孩，我们应该一视同仁，一开始就要给兄弟俩制定不同的积分奖励办法，这样兄弟俩才能共同为目标而努力。

积分奖励办法在我们家已经实施了大半年，兄弟俩比以前更加珍惜这些来之不易的玩具；哥哥逐渐养成了良好的学习习惯、生活习惯，作业的完成情况和质量都有所提高，能自主地进行阅读并理解和口述故事内容；弟弟不再乱发脾气，能自己吃饭、安静地看绘本。看到他们的成长和进步,我们很欣喜。

二孩家庭在生活中会面临许多问题,我们尽量让他们互相商量,学会尊重彼此的意见。面对两个性格迥异的孩子,我们也在学习如何更称职地教育和陪伴他们,让我们和孩子一起成长。

(东华大学附属实验学校　叶徐烁家长徐朱叶)

正确引导，剩下的交给时间

我有两个孩子，两个孩子相差五岁，大的是姐姐，她上三年级。在孩子习惯培养的过程中，我在学习、思考、实践中不断前进着。在这里，我想和大家分享如何培养孩子的整理习惯。

我家孩子总喜欢随手乱放用过的东西，有一次，我叫她帮我找一下橡皮擦，结果她倒腾了桌子上乱放的书籍，开开关关桌子上的各个柜子，最后好不容易在角落的一本书里面找到了橡皮擦，整整花去了8分钟的时间。我问孩子："你这样找东西痛苦吗？"她点点头，似乎有些不知所措。于是，我让她和我一起想办法，一起收拾、归类、整理。第一步，先扔掉不用的东西；第二步，找出不该出现在书桌上的物品；第三步，把书桌上的物品（包括书籍、工具等）分类摆好……过了一个小时，书桌上终于变得干干净净、整整齐齐，东西显而易见，不再难找。整理好以后我再问她："现在你的感觉如何？找东西还会痛苦吗？"女儿说书桌干净整齐了，找东西也很容易，她觉得很有成就感。我们还约定好每天睡觉前都要对书桌进行检查，检查不合格就一起整理。

第一天顺利过去了，第二天、第三天坚持的效果还可以。一周后，我因为工作忙，渐渐放松了对孩子的检查，渐渐地，书桌恢复了以前的乱象。我们意识到，虽然前面整理得很好，但是没有坚持下去，就会前功尽弃。于是，我们重整旗鼓完善计划，在书桌旁添加一个表格，每天孩子做好整理工作签字确认，我也做好检查工作签字确认。过了大概一个月的时间，孩子渐渐习惯了这种模式，书桌的卫生保持得还可以。

慢慢地，我发现孩子的书桌卫生情况是好了，但却没有触类旁通，在其他方面（如她自己的小床）的整理意识并没有提高。跟女儿讨论这个问题时，她说出了让我惊讶的话："你们的床不也是乱七八糟的吗？"我想了想也是，我只看到了女儿的问题，却忽视了我们没有做好榜样，于是我们和孩子一起对家里进行了一次整理和大扫除，并且召开了家庭会议，让大家相互监督和检查。半年过去了，家里的环境明显得到了改善。孩子不仅注重整理书桌，在其他方面也做得很好。

　　习惯的养成不仅要靠孩子,更重要的是家长要树立好榜样,并且在这个过程中充分发挥引导和纠正的作用。家长用心汲取教育营养,认真观察孩子的言行,坚持正确引导和纠正,在教育结果方面,时间一定会给出最公正的答案。

(松江区新浜学校　韩婉秋家长邱成英)

与孩子一起走向更美好的未来

孩子初入小学，无论是对孩子来说，还是对作为家长的我们来说，都是一个挑战。虽然我们平时经常关注和学习育儿经验，但是内心仍然感到惶恐。每个孩子都是与众不同的，教育没有模板可以套用，我们只能摸着石头过河，和孩子一起面对、一起成长。

我家有一对龙凤胎，兄妹俩性格很不一样：哥哥好动，学东西快，但是坐不住；妹妹喜静不爱闹腾，但学东西慢。上一年级时，两个孩子基本上都是零基础入学，学习上经常需要我们帮助，对于性格迥异的他们，我们在学习辅导时只能区别对待，分别引导。

在儿子的教育引导中，我们注重自律习惯的养成，会针对这一方面的行为进行表扬。比如，"你今天放学回来自觉把作业完成了，这说明你是一个自律的人""你今天做作业的时候，一直很认真，没有开小差，很自律""你今天完成作业后自觉阅读了，特别自律""你今天自己在外面骑自行车，说好了骑半个小时，到了半个小时就准时回来了，真是一个守时且自律的人"。

在女儿的教育引导中，我们注重坚持习惯的养成。女儿学东西慢，很多时候需要我们反复提醒才能记住某个知识点，背诵作业要花费很长时间，但是她从来没有说过放弃。她急哭的时候，会一边哭一边安慰自己："我是一个能坚持的人。"是的，"坚持"是我们希望她获得的精神力量。兄妹俩放学一起跑步回家，哥哥跑得快，妹妹跑得慢，我会鼓励女儿，"虽然你跑得慢，但是你能坚持啊""虽然你跑得慢，但只要坚持就能跑到家""人生也是长跑，即使跑得慢，只要坚持，也能到达胜利的终点"。有一段时间，女儿在学习上的挫败感比较强，压力也比较大，我们发现后就对她的点滴进步提出表扬，跟她一起想办法解决问题，疏导她的情绪。

所幸，在家庭教育中，我不是孤军奋战，孩子爸爸是很给力的队友，大多时候我们能够一对一辅导。在教育问题上，我们也会有不同的意见，但是及时的沟通让我们能够保持一致的努力方向和统一的教育思想。遇到难以解决的问题时，我们会从老师那里取经，我们始终相信，老师在教育方面的经验是要比我们丰富的。

在家里，我们设立了"心语本"，孩子可以在本子中写下或画下他们碰到的有意思的事情，我们也会在上面写下夸奖他们的话，希望这些话能够在他们的心里埋下良好品德的种子，然后生根、发芽、长大……

我很清楚地知道，我们家的孩子就是普普通通的小学生，而我们也不是完美的家长。但是我们相互支持、相互包容，一起走在变得更好的路上，一起走向更美好的未来。

（上海工程技术大学附属松江泗泾实验学校　李雨羲家长李论高）

专题七

沟通密码

女儿变形记

"文文,过来帮爸爸盛饭。"我说道。

"怎么又让我帮你盛饭,你都连着叫我盛两次了……"女儿有些不耐烦。

"你这是什么态度,你昨天吃过饭了今天怎么还吃啊?"我呵斥道。

"对呀,真是不懂规矩,脾气越来越大了……"孩子妈妈加入了"混战",表达着对女儿的不满。

最后,女儿无奈地去盛饭了,但气势上并不示弱,嘴里还不停地说着什么。这顿晚餐,我们吃得索然无味。

虽然这只是我们和女儿的一次小冲突,但给我的触动却很大,女儿懒惰、傲慢和以自我为中心的个性引发了我的思考。俗话说,"家长是孩子的第一任老师",或许是我们的教育方法出现了问题。为此,我和孩子妈妈连夜召开了一场反思大会,重新认识我们的教育行为。

在会议上,我承认自己教育孩子时态度不好,而且缺乏耐心、容易急躁。孩子妈妈也觉得自己在和孩子交流时不够民主,高压和命令式的语气让女儿更加逆反。在养育上,我们过分溺爱孩子,总觉得孩子还小,很多事情都帮她做好,好吃的东西都让她先吃。慢慢地,女儿就养成了懒惰、傲慢和以自我为中心的个性,稍不满意就会乱发脾气。经过深刻的反思和检讨后,我们连夜制订了一份"女儿改造计划书"并付诸行动。

1. 家长榜样引导

人们常说:"家长是孩子的镜子。"家长的一言一行,孩子都会看在眼里、记在心里,慢慢地,言谈举止就会和家长有很多的相似之处。因此,我和孩子妈妈开始注意控制自己的情绪和说话时的语气语调。即使是女儿情绪不稳定或者发脾气时,我们也照样心平气和地做女儿的思想工作,这时候女儿的情绪就会慢慢稳定下来。即使女儿偶尔控制不住情绪,但态度和语气也比以前温和了很多。过了几个月,女儿发脾气的频率明显降低了。

2. 平等交流情感

以前我们总说工作忙,没时间与孩子交流,即使偶尔交流,也多以命令式的口气进行。因此，女儿非常逆反，说不了几句话就剑拔弩张；有时，女儿索性沉默不语，和我们进行长时间的冷战。我们认识到自己的错误后，先诚恳地向女儿道歉，再给了她一个深深的拥抱，女儿才慢慢开始释然。从此，无论多忙，在女儿放学回家后，我们都要和她交流一会儿，了解她的内心想法和情绪状态，分享她的成功与快乐，疏导她的不良情绪。我们不再像审讯一样问她考了多少分，而是相信她的真诚和努力。在她学习的时候，我们放下手机全身心地陪伴。慢慢地，女儿开始滔滔不绝地讲自己在学校发生的事……我们交流时的欢声笑语越来越多。

3. 制定家庭公约

为了培养女儿热爱劳动和不怕吃苦的意志品质，我们和女儿一起讨论并制定了家庭公约。比如，言谈举止要有礼貌，不乱发脾气；用餐时要尊老爱幼，要先请爷爷奶奶用餐，不能自己吃独食；自己的事情自己做，同时积极参与家务劳动；做作业时不能拖沓和查手机，而且必须在晚上 11 点前完成。家长要以身作则，比如，要和孩子平等对话，尊重孩子的想法，不能训斥孩子，陪孩子做作业时不能玩手机。我们每天睡觉前会记录女儿当天的表现情况，月底考核汇总，如果女儿表现优秀，我们就会送她一个礼物作为奖励。家长如果考核不合格，就要写书面检讨和保证书。由于这份家庭公约是女儿和我们一起制定的，她积极执行。女儿的表现让我们刮目相看：说话时态度温柔了，用餐时不再吃独食，周末会帮助我们洗青菜、打鸡蛋、洗碗和拖地等，虽然她偶尔也会犯错，但总体表现越来越好。

转眼间，女儿已经读八年级了。有一次，我们去商店给女儿买衣服，女儿在两件衣服前面反反复复走了五六趟，最后她拉着妈妈的手说："妈妈，我们买这件便宜的吧。"女儿真的变了，变成了一个聪明、懂事和热爱劳动的大姑娘了。一股暖流涌上心头，不知不觉间，我的眼眶湿润了。"买你喜欢的就行。"我对女儿说道。女儿转头看着我，先是愣了两秒，然后兴奋地冲过来紧紧地抱着我，久久没有放开。孩子妈妈注视着我们，会心地笑了。

（松江区民乐学校　王雅文家长王永华）

视域鸿沟从此逝

过了立春,江南本该是鹅黄满眼的时节。

天空飘着雨,空气中混杂着雨水浸泡地面的土腥味,让人有些许寒意。

路上,父子俩一前一后,儿子心事重重,步伐显然不够轻快。

"老爸,你听说过视域鸿沟吗?"儿子首先打破静寂。

"嗯? 说来听听。"爸爸尽量克制翻腾着的惊喜表情。

看到爸爸的眼神,儿子内心掺杂着窃喜。

"视域鸿沟就是当我们需要站在他人的立场上去理解事物时,会下意识地保护自己的立场不受到任何挑战。如果我们的立场受到挑战,我们就会阻止他人对我们提出要求,"儿子稍微停顿了一下,"比如你跟我相处的惯用模式。"

细雨在雨伞边缘滑落,滴落的瞬间如珠花般散开。

爸爸停了一下,转身进了街边开业不久的咖啡店。

爸爸推开门,缓慢而坚定,掩饰着头脑中飞快的思考。父子俩找了一个靠窗的位置,透过玻璃窗很容易看到街上的行人、路边的树,甚至还有共享单车车轮画出的清澈精灵般完美的弧线。

卡布奇诺的香气环绕周围。爸爸浅酌一口,定睛望着眼前这个熟悉又陌生的大男孩。

"你说的问题,正是爸爸今天想找你聊的,你的开场方式让人很欣慰,"稍作停顿,爸爸坚定地说出,"还让人感到惊喜!"

帅气逼人的阳光少年,用困惑夹杂些许惊讶的目光望着眼前这位博士、高管老爸,他已经很久没有对自己说过肯定的话了。

"多年来的思维习惯让我盲目地自以为是。我习惯性地掌控,习惯性地支配,习惯性地让别人与我趋同,把所有这些当成理所应当。我一直把你当小孩,对你指手画脚,支配你的生活,以建议的名义强迫你同意我的观点,控制你的行为。我从自己的经验出发让你复制我认为的成功模式,还自认为这就是爱你。"

伴着激动的语气,爸爸紧握了一下手中的咖啡杯。

"最近我意识到,你长大了,你已经不是那个喜欢跟在我屁股后面的小鬼了,我很不适应，真的。你的见解，你的表达，你的行为，再也不容忽视了，我似乎感觉在你面前有些力不从心。我突然想起自己也是一个被你爷爷看扁过的毛头小子，也曾为了捍卫自己跟他对抗，你现在的样子像极了当年的我。"

"老爸，其实昨天晚上，我没想跟你对抗，可是我感觉到自己完全不被理解，我感觉我说什么你都听不懂，你一直想掌控我的想法，想让我同意你的观点和看法，可是，我真的不想放弃自己的想法。"儿子有些激动，大长腿不小心磕到了桌角，疼得咧着嘴。

"没事吧?"爸爸有点紧张。

"没事，碰到了桌角，膝盖有些疼!"

儿子感受到桌子底下宽厚温暖的抚摸和轻揉，绷着的心松了一下，膝盖好像也不那么疼了。

"爸爸想正式地跟你道歉，是我不理解你，像眼盲症患者一样每天叫嚣:你为什么不朝气蓬勃，为什么不自我调节，为什么不理解家长的良苦用心? 我怪你乱发脾气的时候，忘记了自己就是用发脾气和吼叫的方法期待别人认同我;我指责你没有责任心的时候，忘记了自己正在用不担当、不面对的方式，想在你身上弥补自己曾经的遗憾;我骂你不求上进、不知悔改的时候，忘记了自己正在向外索求归因，寻找理由为自己开脱。我用发脾气来安抚自己，不正视自己的懦弱，而是自私地把你当成工具来抚慰我内在的迷茫和恐惧。"

儿子的脸上有惊喜、惊讶，更多的是震惊。他从没看到过眼前这个曾经被自己视为偶像的人，如此坦诚地自我剖析，在儿子面前，赤裸裸地承认自己的错误。儿子不敢正视爸爸的眼睛，低下头。只能听到彼此的呼吸声，甚至心跳的声音。

"老爸，谢谢你! 我知道，你也不容易……"

"人非圣贤，孰能无过?"爸爸摩挲着咖啡杯的手柄，低沉片刻。

"人是可以被原谅的，我们都可以被原谅。我们是一家人，我之前让你受了很多委屈:怪你不用心学习，可我却没看到你为了得到我的认可而想尽办法;怪你在学校不遵守纪律，可我却不分青红皂白，不问事由就在老师办公室劈头盖脸地骂你;怪你让我们以前的快乐不见了，可我却忘了自己对你大吼，指责你的各种不是;甚至怪你让我和妈妈之间心生嫌隙，可我却忘了误会并不都与你有关。"

"老爸，你别说了……"儿子的声音里，已经掺杂了眼泪的味道。

"尽管这样，你依然努力，依然拼尽全力做一个好学生、好孩子。爸爸看到过你在球场上把自己累瘫后抱着球痛哭的样子;爸爸看到过你一个人绕着跑道一直走到天黑的样子……是我用所谓的爱一步步把你推向悬崖,是时候喊停了。"

儿子趴在桌子上,双肩微抖,不再有平日的咄咄逼人。

拍了拍儿子的肩膀,爸爸的视线也模糊了。

"儿子,你一直是我们的骄傲,从未变过。爸爸唯一的希望就是你能用心走好后面的路。我跟你妈妈商量过了,只要你想好了,不管做什么我们都支持你,爸爸妈妈一直都在。"

儿子已经泣不成声,肩膀上下颤抖着。

爸爸站起身,环抱儿子的头,心里涌起阵阵暖流,自己有多久没有这样抱过儿子了。

儿子抬起头,满脸的泪水,却挡不住异常清澈坚定的眼神。

"老爸,我一直都爱你和妈妈,可这两年我找不到你们了! 我一直在找,我哭,我喊,我绝望,可就是找不到了! 现在,我知道你看到我了……"

时光停滞,眼泪无声,身边咖啡重新热过又拿上来……

"咱们回家吧,出来这么久,妈妈该担心了。我也要准备一下,明天还要参加模拟考试呢。"儿子轻松的语气伴着脸上未干的泪痕。

父子俩走出咖啡厅,已近黄昏。

不知何时,天空放晴,晚霞染红了大片天空。东边的彩虹横跨在半空中,与晚霞交相呼应。

儿子边走边跳,一不小心踩到了路旁的草地上。

"老爸,你看,小草绿了,小草绿了! 我之前怎么没发现呢?"

微笑着,宠溺和欣赏悄然溢出中年男人的眼角。

是的,春天的脚步近了……

(东华大学附属实验学校　潘梓宸家长权静)

记我和孩子的两次对话

孩子小的时候,每天叽叽喳喳地缠着我们,总有说不完的话、问不完的问题。有时,我感觉特别烦,下班回家后就轻手轻脚地进门,能躲一阵儿算一阵儿。孩子妈妈发现了我的心思后,哪天只要她不高兴了,我一到家,她就会像报喜鸟一样大声地喊:"行行,你爸爸回来啦!"看着我无奈地边换鞋边张开双手迎接"小话痨"的样子,她躲进厨房里坏笑得不知天南地北。好在事情总有其两面性,和孩子交流好之后,孩子妈妈也笑盈盈地把饭菜摆上桌了。

孩子读一年级的时候,有一天,我一进门就被他"逮了个正着",包都没来得及放,就见他两手各拿一张识字卡朝我飞奔而来。"爸爸,你看,这是我名字里的'中'字和'行'字,你快告诉我是什么意思吧!"我明白他是想知道自己为什么叫这个名字。看着兴奋和好奇的他,虽然我很累,但还是强打精神,教他读卡片上的拼音,教他组词。然后,我让他拿来课外读本《三字经》,和他一起阅读。当读到"中不偏,庸不易"时,我告诉他,"中不偏"就是不偏执、不走邪路,"庸不易"就是始终坚持正确的道理,做对的事情。孩子静静地听完后,似乎有些明白了:"爸爸,你给我起这个名字,是希望我以后做一个正直的人,对吗?"看着他说话时严肃的表情,我不由得认真起来,感觉工作的疲劳感也消失了。

通过这次交流,我欣喜地发现,原来他不太愿意读的《三字经》已经成了他的枕边书。后来,他又自己在书中找到了《孟母三迁》和《孔融让梨》的故事,这让他更有成就感了。之后,孩子又陆续读了《弟子规》《千字文》《笠翁对韵》《大学》,他看不懂的地方还经常问我,而我也开始不厌其烦地查资料,用浅显易懂的语言给他解释。就这样,我也跟着学习了很多知识,偶尔还能在朋友面前"卖弄"一下。

孩子很快就长大了,渴求知识的他,就像一块不断吸收海水的海绵,我能提供的知识已经很难满足他的求知欲了,所以,他问我的次数越来越少,我们交流的时间越来越短。这让我开始有些不适应了。为了营造家里的学习氛围,孩子妈妈很早就"剥夺"了我看《新闻联播》的权利,家里的电视成了摆设,所有电子产品都只能作为学习工具使用,于我而言,在家就只能通过看书来打发时间了。

前不久的一个晚上,孩子写完作业后,突然问我丝绸之路到底是怎么回事儿,他说课本上学了，但内容比较少，我知道，他肯定翻过了我新买的《丝绸之路》，但还没有时间细看。我马上就反应过来，这是和他交流的好机会，我一定要好好把握。我几乎是冲刺般地跑进房间拿书，脚上的拖鞋都差点儿飞掉了，现在想想，当时肯定是失态的。我把书轻轻地放在他的面前，告诉他，书的作者是英国一位非常有名的历史学家，擅长跳出欧洲历史来剖析当代世界格局。在书中，作者介绍了货物和商品的贸易以及由此带来的文化交流、哲学体系的建立，还提到了中国政府倡导的新丝绸之路。孩子边听边问，我边翻书边回答，虽然是"现炒现卖"，但孩子听得特别认真，问的问题也有一定的深度，甚至有自己的见解。我感觉父子之间那种久违的沟通和交流又回来了，孩子妈妈坐在旁边，不时微笑地看着我们，她是否在某一瞬间又想到了曾经高喊的那句"行行，你爸爸回来啦"。交流结束后，我建议他先利用空余时间认真读完这本书，再和我一起讨论书中的内容，孩子愉快地接受了我的建议。接下来，我要替孩子甄选更多的好书，作为我和他之间的沟通桥梁。

作为家长，我们深知培养孩子的不易，深知学习对人生的重要性。但我和孩子妈妈更明白，与孩子保持良好的交流和沟通，让他快乐地学习、健康地成长，同样很重要。人生的路很长，希望他能一步一个脚印，行稳且致远。

（松江区洞泾学校　贺中行家长贺立军）

青春期孩子教育经验

　　转眼间,我的孩子12岁了,成了一名初中生。随着初中生活的开始,我发现孩子在许多方面都发生了变化。在沟通交流方面,孩子开始顶撞、反抗我和他爸爸,甚至不理会我们的要求和建议。在学习方面,初中的知识量迅速增加,对学习的灵活性要求日益提高,但孩子学习的自律性却下降了,成绩也随之下降。作为母亲,我真是又焦虑又不知所措。看到孩子作业中的一堆错误,看到孩子试卷上的一堆叉叉,我就像炮仗一样被点燃,有时甚至会忍不住打骂孩子,但每次打骂之后,看着那个茫然无措又沮丧的小家伙,我是又悔又怜。开学三周后,吼叫打骂没有任何效果,小家伙也变得沉默寡言。我意识到我的态度和方法都错了。初中生活、学习的变化对于孩子来说本就是一个巨大的挑战,我怎么能够要求他迅速适应这些变化呢? 于是,我开始搜集一些关于青春期教育和初中教育的资料来学习,并且分析自己孩子存在的问题和解决方法。一个学期过去了,孩子开始适应初中生的学习和生活。在这里,我给大家分享一些有益的方法。

　　在学习方面,初中对孩子思维品质和自主性的要求更高。因此,我在学习习惯方面进行了有针对性的指导和适当的督促。在孩子养成了良好的学习习惯后,我试着一步步放手让他自主学习和独立思考。我针对孩子的学习进行了一系列的指导,比如,引导孩子在课堂上记笔记、课后及时复习、每周末对本周的课程进行回顾。我发现孩子的笔记存在不完整、没有重点等问题,为了让孩子学会记笔记和做总结,我在一个月的时间里每天花半个小时左右检查孩子的笔记,告诉孩子如何记录知识点,并且教孩子借助思维导图的方式总结章节知识点。一个月后,我就只是在周末翻看孩子的笔记,并且让孩子自己制作思维导图,和孩子分享知识点的应用方法。就这样,孩子的学习效率开始提高,并且打牢了基础。但我的孩子有一个坏习惯,就是审题不仔细。为了纠正这个坏习惯,我要求孩子在做题目时不求快只求准,并且将每道题目的解题思路清晰地呈现出来。纠正一个坏习惯需要花费相当长的时间,希望各位家长能够从小培养孩子仔细、认真的学习习惯。

　　在生活方面,我的孩子玩起游戏来完全没有节制。针对这个问题,我采取了一些措施。一是物理隔绝，即上学期间尽量不让孩子接触手机和平板电脑，只在必要时才给他，如上网课、练习英语口语时。这样就从视觉上减少了游戏的诱惑。作为家长，我们也以身作则，除非工作需要，在孩子面前尽量不玩手机和游戏。二是和孩子一起商讨玩游戏的时间，如每天作业完成后或者周末，可以适当玩一段时间的游戏。现在，初中生学习压力巨大，大多具有逆反心理，家长一味逼迫反而会适得其反。我们经常告诉他："游戏可以玩，但一定要适量、适度，不能沉迷。你平时学习比较辛苦，应该给你一点自己能支配和放松的时间。"每次听到这些理解和支持的话语，孩子的眼里都闪着光。三是转移孩子的注意力。我和孩子爸爸会通过书籍和玩具分散他对游戏的注意力。比如，孩子爸爸买了一些需要自己组装制作的拼接玩具和孩子一起玩，既增强了孩子的动手能力，也增进了父子之间的情感；我也会通过和孩子一起读书的方式增强他的阅读能力。另外，我会分享一些关于游戏影响的正负面案例，用客观事实让他深切感受到游戏的利和弊，让他全面地看待事物。

青春期的孩子内心装着各种矛盾和冲突，既敏感又脆弱，家长千万不要打骂孩子，而应该全心全意地去倾听和接纳那个不完美的他（她）。我们的孩子都是好孩子，各种道理他们都明白，他们心里也都想成为让家长骄傲的孩子，但是心智不成熟的他们，自控能力是有限的。家长要通过引导、沟通的方式帮助孩子学会辨别是非，增强孩子的自控能力。很多家长每天都是快节奏地工作、生活，从孩子放学回家到睡觉前的这段时间，是我们仅有的和孩子交流的时间。如果我们能放下手机，和孩子一起聊聊天、读读书，耐心倾听他们讲述学校里发生的事情，也许我们就会从中发现他们的情感和思想变化，从而帮助孩子解决各种问题。如果家长连倾听的时间都不能给孩子，便会错过孩子成长的很多细节，而有些细节可能会影响孩子的一生。

家长如同种树人，不仅要浇灌、修剪孩子这棵小树苗，还要让这棵小树苗自己学会适应环境。家长要培养孩子良好的生活、学习习惯，引导孩子树立正确的人生观。孩子未来的路还很长，我们做家长的还会面对很多问题，但我们会努力和孩子一起学习和成长。

（松江区洞泾学校　王梦扬家长代坤）

多给孩子一些笑容

——建立良好的亲子关系

"望子成龙、望女成凤"是很多家长在教育孩子时的最大心愿,然而要想实现这一愿望却并不容易。很多家长最大的困扰莫过于孩子的各种叛逆、不听话。多与孩子沟通,及时了解孩子的心声,与孩子建立良好的亲子关系是实现这一愿望的必要条件。

建立良好的亲子关系看似简单,实则很难。在现实生活中,我们经常看到这样的情形:面对放声大哭的孩子,家长越是高声斥责,孩子的哭声就越大。这种打骂式的教育方式不仅达不到我们想要的目的,反而让孩子越来越叛逆,导致亲子关系越来越紧张。以下是几点建议。

一是尊重孩子,多换位思考,多站在孩子的角度看问题。在现实生活中,很多家长习惯用大人的标准来要求孩子,心智不成熟的孩子往往很难达到家长的要求,这样就会使亲子关系紧张。家长应该尊重孩子,把孩子当成自己的朋友,站在孩子的角度去看、去想、去感受。同时,孩子也应该逐渐学着从家长的角度来看待问题,这有助于孩子形成正确的价值观。

二是善于倾听孩子的心声。俗话说,一双善于倾听的耳朵胜过十张能说会道的嘴巴。家长要善于倾听孩子的心里话,知道孩子想什么、关注什么和需要什么,才能有针对性地给予孩子关心和帮助,才能使沟通变得更有效,才能使亲子关系更加融洽。从孩子的角度来讲,孩子倾诉的习惯不是与生俱来的,需要在和谐的环境中慢慢培养。

记得孩子五岁时,看到身边的家长都在给孩子报兴趣班,为了不让孩子输在起跑线上,我们考虑让他学习竹笛,第一节试听课后,感觉效果还不错,我们就果断给他报了名。孩子刚开始上课时还兴致勃勃,两个月后,我发现他练竹笛开始不积极了,周末上课时漫不经心,课下练习也不认真。平时,我们陪在他身边时,他就练一会儿,我们一离开,他就把竹笛放在一边,两眼望着天花板……我看到这种情形,火冒三丈,对他大发脾气。从那以后,孩子有什么心里话便不再向我倾诉,老师多次反映他上课学竹笛时不专心。我反思许久,感觉是自己与孩子的沟通方式出现了问题。于是,某个星期六上完竹笛课后,我带他去游乐场玩了一会儿,在他心情好时,我问他为什么上课老是走神,刚开始他不愿意和我说,后来经我多次询问,他吐露自己不知道为什么要学竹笛。我认真倾听他的想法,耐心给他解释,他点了点头。他继续跟我交流他内心的困惑,我都逐一给他解答。从那以后,无论他遇到什么难题,我都先认真听他讲完,再耐心给他讲解……后来,他开始主动练笛,上课也认真了,还得到了老师的表扬。上一年级时,他还积极报名参加了学校组织的校园艺术节活动,用竹笛参赛,并获得了不错的奖项。现在想想,倘若当初我没有耐心聆听他的心声,而是采用打骂的方式教导他,不仅不能使他进步,还有可能使他厌学、自暴自弃。由此说明,亲子沟通时,家长不仅要善于倾听,还要耐心地倾听。如果家长能以平等的心态倾听孩子的想法,孩子就会从家长这里得到安全感和信任感。

三是善于使用同理心,要把话说到孩子心里去。比如,有的孩子会埋怨自己花了很大力气,仍然学不好数学,这时,家长可以这样说:"我很理解你的心情,当初我像你这么大的时候也遇到过同样的问题,数学确实很难学,但我们也可以反思一下是不是自己的学习方法不对,让我们坐下来一起分析一下哪里出现了问题。"这样,孩子就有可能向家长打开自己的心扉,乐于听家长的教导,认真反思,查漏补缺。其实,每个人都希望别人理解自己、赞美自己。家长在说服孩子时,不妨适当用放大镜观察孩子言行中的闪光点,多给孩子一些夸奖,让孩子得到心理上的满足,找回自信,进而在愉悦的氛围中接受家长的劝说,学会自律。

家长要善于倾听,多换位思考,在教育中融入对孩子的爱、宽容、耐心和激励,与孩子建立起亲密的亲子关系,给孩子创设一个幸福、温暖的成长环境!

(上海戏剧学院附属松江实验学校　翟浩宇家长翟功华)

真心与青春期孩子交朋友

七年级的孩子，无论身体是否发育，心理上大多已经进入了青春期：自我意识无限放大，对于学习以外的事物具有强烈的好胜心，懵懂的少男少女情怀悄然萌芽……都说青春期的孩子难管，打不得、骂不得，甚至连重话都不能说，就怕他们一时冲动做出一些出人意料的事情，或者闷不吭声，进行无声的抵抗。面对这一阶段的孩子，很多家长或是暴跳如雷、怒发冲冠，或是深感一拳打到棉花上的无力，或是有其他各种无奈的情绪。然而，无论如何，青春期是所有孩子必须走过的一个阶段，也是所有家长无法逃避的一个考验，安然度过就会母慈子孝、一派和乐，反之则如履薄冰、小心翼翼。

很幸运，我家儿子虽然也有青春期特有的状况，但总体还算平和，家庭氛围也算和谐。这大概就是我真心与青春期孩子交朋友的成果吧。

我想说说我与儿子的相处模式。从小到大，儿子不论遇到什么事情，都愿意向我诉说，甚至会告诉我一些"小秘密"。他说起这些时，会兴奋异常，会怒气冲冲，会无限委屈，会得意扬扬，偶尔还会耍点小心眼……我很开心能及时了解儿子的种种情绪，分享他的喜悦，倾听他的烦恼，疏导他的郁闷，包容并引导他的小心思。我们的关系就像是好朋友。当然，即便是好朋友，也不会永远是其乐融融的。青春期的儿子，更年期的母亲，经常会擦出火花，但好在我们都是情绪来得快去得也快的人，过一会儿就好了。

这种好朋友的状态并不是一开始就有的，而是多年培养出来的。我是一个乐观外向的人。儿子先天有些缺陷，我们担心他会因他人的指指点点等在心理上自卑、自弃，很注重从心理上引导他。从他能听懂话开始，我们就尝试着用乐观的心态影响他，引导他从积极向上的角度来思考问题。我们会以平等的态度与他交流。不论大小事情，我们都会尽量用他能理解的语言来阐释，同时也会尽量听取他的意见，只要不是原则性的问题，我们多数情况下会遵从他的意见。慢慢地，儿子变得乐观、外向，同时也养成了遇到事情时会跟我们聊一聊的习惯。

儿子进入初中前，我们之间的矛盾、摩擦很多，家里经常会鸡飞狗跳。我自有一套自我约束的法则，然而，因为家长身份的天然优越感，我会不自觉地把这一套法则强加到他身上，有些他能接受，有些他不能接受，于是矛盾便不可避免地产生了。儿子五年级升六年级的那个暑假，班主任叶老师来家访，我絮叨了儿子的很多情况，包括我们交流过程中存在的一些问题。叶老师是男老师，他从男孩成长的角度给我提了一些建议，其中有一条建议对我启发很大。他说，对于男孩子，尤其是对于进入青春期的男孩子，家长要给他们空间，不能管得太紧，要让他们形成自己的法则，建立自己的圈子，这样他才会有归属感。叶老师离开后，我开始反思：虽然我一直宣称要跟儿子做朋友，但说到底我还是没有真正从内心深处把儿子当朋友，还是把他当成小时候那个需要我一步一步引导的孩子，没有正视他如今已经步入中学，需要形成自己的法则并建立自己的圈子！

反思过后，我开始改变与儿子沟通的态度和方式，尝试用一些开放性的方式引导儿子。比如在学习方面，我不再局限于分数、名次，而是先了解他心仪的目标，再根据他心仪的目标引导他确定阶段性目标，在日常学习中逐步向设定的目标靠近。比如在情绪管理方面，有一段时间他与班上一位同学语言冲突不断，几乎每隔两天就会出一点儿状况，他在回家路上会愤恨或委屈地吐槽，有几次则是一路沉默不语。这种时候，我会试着引导他把事情的前因后果仔细地说给我听，过程中我会尽量控制自己不进行任何评价，只是引导他说下去，在叙述的过程中，他的情绪慢慢得以疏解。我会跟他分析如果我遇到他这种情况会怎么处理，他也会提出不同的意见，一来二去，他学会了怎么管理自己的情绪……

经过一个半学期的实践，我切实体会到真心与青春期孩子交朋友的关键在于"真心"二字。家长真心实意地把孩子当作朋友，平心而待，家庭自然和谐！

（松江区九亭第二中学　彭浩卿家长胡静）

远交近攻的相处之道

有人说，和孩子相处要遵循"远交近攻"的原则，要保持适当的距离才能和平相处。寒假里，我通过亲身经历体会了这个道理。

很多人羡慕做老师的家长，每年有几个月的假期可以陪孩子、管孩子。我想，这些人大概是没有体会过和孩子合演一出旷日持久的相爱相杀大戏的感觉，这可能比上班更令人心力交瘁。假期开始前，我美滋滋地想着：孩子每天上午参加篮球训练，我可以有半天的自由时间，去做做瑜伽，放松一下身心。没想到，几个零星散发的病例让我的梦想破灭了，篮球训练取消，学校反复强调"非必要不离沪"，这意味着一个多月的假期，我要和孩子朝夕相处。该怎么办呢？

假期正式开始，我首先想到的是怎样避免让自己每天都面对灾难现场。虽然孩子的篮球训练取消了，但我为什么就不能去做瑜伽呢？回想之前的假期，我总想着孩子在家的时候我也尽量不外出，督促他学习，陪他一起玩，监督他不要看太长时间的电视，但现实有几次如想象中美好呢？所以这次，我想尝试一下给彼此自由的空间和时间，也许能换来一段相安无事的美好时光。于是，春节前的三个星期，我每天上午去做瑜伽，他自己安排做作业、看书、找小伙伴玩的时间。

育儿书上说，要想让孩子自律，家长必须要信任孩子，把孩子的责任还给孩子，让孩子学会对自己的事情负责。虽然这很难，但我还是想努力尝试，当然，心里不踏实或窝火总是难免的，我尽量忍住不唠叨、不发火，在心里默念：这是他自己的事，应该让他自己负责。有时候，我回家后发现他已经把计划的作业完成了；有时候，我发现他一上午几乎没做作业，看到我回来赶紧去写作业；有时候，我发现他白天和小伙伴玩得忘乎所以，完全把作业抛在脑后，但在晚上他会把该做的作业补上；有时候，他完全放飞了自我，我也忘记了责任的归属，忍不住一顿怒吼，随后不欢而散，但我静下心来想一想，发现这样根本于事无补。

为了弥补篮球训练取消的缺憾，孩子想连续两周去参加校外机构的篮球课。于是每天晚上，我和他一起骑行 4 公里去上篮球课。这一路成了我们固定的聊天时间，我会和他说说我从书中看到的有趣的情节，他也会兴高采烈地跟我讲他打游戏的精彩经历。孩子提到的 AWM、98K，我其实一点儿也不感兴趣，我甚至跟很多家长一样把游戏视为洪水猛兽，但想到一位老师曾说"要珍惜孩子愿意跟你分享喜悦的美好时光"，我便耐着性子听一听。即使是这样轻松的聊天场景，偶尔我还是会不可避免地踩雷。有一天篮球课上分组打比赛，教练可能觉得孩子实力比较强，分给他的几个队友能力都较弱，比赛打下来他们输得很惨。回家路上，他不停地抱怨，"眼睁睁地看着对方上篮，他还在慢悠悠地散步""人家就在他眼前投篮，他就不能伸手挡一下吗""球传给他，一眨眼的工夫就没了""有这样的队友，让人怎么打"。我忍不住开始"指导"他，在队友实力弱的时候，你应该想办法发挥自己的优势去带动队友，而不是在比赛打输后没完没了地发牢骚……他终于忍无可忍，猛踩几下自行车绝尘而去，留我在夜色中愕然又愤然。回家冷静下来后，我想了想，是我没有摆正自己的位置：我是妈妈，不是教练，孩子球没打好应该由教练去指导，而我需要做的是陪伴和倾听，让孩子把比赛输了产生的郁闷和委屈表达出来，情绪释放出来，也许他平静下来后自己会去回想球该怎么打。

这个假期，虽然有不能回老家的遗憾，但我每天在管好一日三餐的基础上，做自己喜欢的运动，看自己想看的书，生活也算充实忙碌。孩子每天上线上、线下的课，完成课内、课外的作业，打球、跑步、跳绳，读了一百多万字的书。对孩子来说，最开心的可能是每天可以玩游戏，看动漫，在小区里和一群小伙伴一起嬉戏，唯一的遗憾可能是没做完我希望他做的课外作业，但那毕竟是我的目标而不是他的。

我所理解的远交近攻绝不是撒手不管，听之任之。近攻，其实是越界以及由此引发的反抗。远交则要做到以下几点：(1)保持距离，不越界，把孩子的问题留给孩子自己处理；(2)陪伴和关注，在孩子需要的时候给予他们必要的支持；(3)做好自己，活出自己的精彩，用行动影响孩子，而不是用语言要求孩子。

（松江区第七中学　苏天童家长许英杰）

骨折心不折

上学期的某天，正值放学时间，我接到了老师打来的电话，说是社团课上孩子打篮球把脚扭伤了。我当时以为就是脚扭到了，没有什么大碍，便让孩子爸爸去接孩子，没想到孩子爸爸在附近的医院打来电话说是距骨骨折，可能要手术治疗，还说医生建议我们去儿童医院，这时我才意识到了事情的严重性。在转院的路上，儿子一直不相信自己是骨折了。当我们告诉他片子拍出来是骨折后，儿子一句话也没说，一直在流眼泪。我只好安慰他说不要紧。到了儿童医院，医生建议保守治疗，先打上石膏，看后期恢复情况再进行调整。

回到家后，儿子把自己关在房间里，我们怎么叫，他也不开门。那时，马上就要期中考试，我们知道他在顾虑什么，便对他说："我们帮你请好假了，我们暂时不去学校了。"他缓缓地打开门，眼泪还没擦干，说："过两天要期中考试，我该怎么办？"我们商量好先在家复习两天，然后去参加考试，他的情绪才稳定下来。

但是，等到考试前一天晚上，他突然发脾气说不想去学校，不想让同学看到自己现在的样子，笑话自己。我让他换位思考一下，如果班级里有同学生病了或者受伤了，他是否会嘲笑他们。他坚定地说不会。这时，他的心里稍微松了一口气，嘴上却还嘟囔着说自己从来没有骨折过。随后，我又给他讲了一些名人的事迹，告诉他这些人是如何坚强面对挫折和不幸的。我告诉他，我们要接受现实，以后的人生路还很长，会有很多的第一次，当收获成功的喜悦时，我们要做到不骄傲；遇到挫折时，我们要勇敢面对，不逃避、不退缩。同时，我答应他明天陪他一起去学校。

第二天早上，我们按时来到学校，一进教室，里面就响起了一阵欢呼声，同学们用掌声欢迎他回归，这让我们很意外。初中的孩子有自己的交流方式，儿子因此放松了不少，单脚跳到自己的座位上。这让我很欣慰。我放好拐杖和书包，和儿子对视一眼，挥手和同学们再见。放学后，我迫不及待地问儿子今天在学校怎么样，他惭愧地告诉我，其实同学们并没有像他想象的那样笑话自己，反而还一直在帮助自己。从他的表情中可以看出来，他今天过得很愉快。我耐心地告诉他，虽然你们平时打打闹闹，互相调侃，但是真遇到困难时，大家还是会团结友爱、互相帮助的。随后的日子里,儿子慢慢地接受了自己受伤的事实,也接受了同学和老师不少的帮助,相信这会是他成长路上一段温暖的回忆。

孩子的自尊心是很强的,特别是青春期的孩子,他们非常关注同伴对自己的看法,所以在骨折后,我的儿子因为害怕同学嘲笑而不敢去学校,经过我的引导后,他消除了顾虑。而骨折后第一次返校时同学们对他的关心,使他相信自己在同学中是受欢迎的,于是,他变得不那么在乎骨折给自己带来的伤害,不仅没有影响学习,还收获了友情。

在孩子骨折这件事的处理上,我深刻地体会到,当孩子遇到困难和挫折时,家长要少一些批评和责备,多一些鼓励与信心,这将有利于孩子的身心健康成长。家长要照顾到孩子的心理感受,加以正确的引导,同时尊重孩子。平等沟通很重要,孩子是独立的个体,家长不能以吩咐、命令的口吻要求孩子做这做那,而应该多给孩子一些鼓励,多培养孩子的兴趣爱好,让他做自己喜欢做的事情。这些不仅是专家的教育理念,也是增进亲子关系的重要方法。

(松江区叶榭学校　孙一鸣家长刁家芹)

与青春期孩子相伴前行

孩子进入初中,身体有了变化,脾气也变大了,不那么听话了,"为什么"几乎成了孩子的口头禅,而家里随时可能会变成辩论场。孩子的青春期就这样来了。青春期是孩子快速成长的宝贵时期,这个阶段的孩子情绪多变、自我意识更强。不像牙牙学语期的孩童,只是好奇地询问家长"是什么",青春期的孩子嘴里常常是带有不情愿和质疑的"为什么",所以家长要有升级版的"怎么办"才能更好地应对他们。

与青春期孩子相处的过程中,家长不得不面对的是:孩子不会一味地服从,家长的权威会被挑战。试想一下:孩子成长的表现不正是他们越来越强大,越来越有主见和想法吗?在孩子变强大的过程中,过往以依赖为主的亲子关系一定会随之改变,所以,权威受到挑战这件事,家长要慢慢适应和接受。可能从成人的角度看,青春期孩子的成长带着天真稚气的影子,会有冲动的表现,但成长就是一个从不成熟到成熟的过程,这个过程中,孩子需要得到理解、尊重和适时的肯定。

家长有耐心是亲子良好沟通的重要前提,然而,很多家长对孩子的事缺乏耐心。人到中年,要承载多方压力,回到家,已经是筋疲力尽,没有时间也没有力气去耐心地沟通。但是,理性告诉我们,家长的付出,不仅仅在于对孩子生活的照料,还在于孩子心智成长过程中耐心陪伴。在亲子沟通中,家长不妨试试以下做法。

1. 直面问题,学会示弱

遇到问题,家长要允许孩子有质疑的声音,允许孩子犯错,要和孩子一起面对问题,分析问题,解决问题。同时,家长要学会说"我不会""我做不了""我累了"。家长适当地示弱,偶尔让孩子看到家长的脆弱,会增加孩子对家长的理解和信任,激发孩子的责任感。

2. 平视孩子,学会倾听

家长不要把孩子当作小孩,可以试着跟孩子交朋友。家长有时间的话,可以尝试跟孩子分享自己的喜怒哀乐,适当地让孩子了解成人世界里的新鲜事。做青春期孩子的同行者,会让家长得到孩子的尊重。家长可以在每周或者每个月约定一个时间,让孩子随意讲讲自己的想法,你会惊喜地发现他们的点滴进步和智慧火花。

青春期的孩子像风筝,而家长就是放风筝的人。线抓得太紧,风筝飞不高;线抓得太松,一不留神,风筝就挣脱了,没了方向。要想做到恰到好处、智慧育儿,家长需要不断总结和学习。不得不说,与青春期孩子相伴前行是一场累并快乐的修炼!

(松江区第七中学　闻楚嫣家长陈晓莉)

谁的青春不叛逆

过年期间,孩子爸爸和几个朋友碰头,谈笑间大家不约而同地把话题聚焦到孩子身上。大家的孩子基本上都是十几岁的年纪,聊天的内容多半是诉苦外加一些窃喜,各种情绪交织在这个空间里。没有困惑的家长不是认真的家长,没有叛逆的青春期不算青春期。在这场吐槽大会里,更年期的家长和青春期的孩子撞了个正着,各种表情包成功开启。

我家也不例外。每当我这个当妈的,问起"作业写完了吗""老师布置的书开始读了吗""口语任务完成了吗"等问题时,通常会得到无视或反击……我不禁问自己:难道我们不是这样一步一步从小学走过来的吗?每当遇到数学难题,难道我们不是在台灯下一起解决的吗?遇到背不出的段落,难道不是我们一次次缩句、扩句来寻找记忆方法的吗?我感觉一夜之间变了天,我似乎变成了那个唠叨、多余的"唐三藏"。刚开始时,我陷入困境,后来我逐渐进入到暴躁模式,并不断升级段位。

青春期的问题,不光是孩子一个人要面对的问题,而是孩子和家长要一起面对的问题。我觉得,与其说是一个问题,不如说是一种现象。我意识到这种现象,是从我找到一个讲解青春期的视频开始的,视频中涉及青春期、叛逆等关键词。从视频的讲解中,我了解到叛逆的源头就是每个孩子独立人格的建立,像一座城市的建设一样,人的独立人格也是一点一点建立起来的。家长要从陪着孩子前行的角色,转换为放开手、目视孩子前行的送行者。不得不说,看完这些,我的内心是失落和不安的。

从呱呱坠地到满地乱跑,从牙牙学语到与朋友成群结队,孩子以惊人的成长速度,完成了一个又一个阶段的蜕变和升级,如同脱离地球怀抱的探索卫星,去追寻自己的银河。他会不会摔倒,他会不会受挫,他会不会出错,他有没有总结,他会不会受伤,我该为他做些什么……家长的心都是一样的。

过年前的一段时间,情况开始不一样了。那段时间,我的工作异常繁忙,我几乎投入了全部的精力和时间。不难想象,我的生活和工作都是一团糟。家里的每一个环节都处于失控状态,唯一可见的就是我偶尔回来早一点,在孩子睡觉前可以和他聊两句。这段时间,我卸下了盔甲。他突然看到,我也是一个被生活打击的弱者。没想到,我得到的最有力的支持来自孩子,他抽空帮我整理了我混乱的电脑文件,帮我优化了我做的幻灯片,家里也被他整理得井井有条,一切似乎没那么糟。过年这段时间,紧张的工作节奏终于慢下来了,我们一家三口可以好好聊聊天,看看书,一起回忆一下我们的那些年……

哈哈,谁的青春不叛逆,谁的青春不精彩呢?

(松江区佘山学校　吴思源家长于爽)

专题八

规则与爱

家长和孩子最好的关系

——成为彼此的好朋友

父亲很早以前就对我说过，"育儿路上要把孩子当作自己的朋友真诚相待"。但是走着走着，我们难免会忘记耐心、宽容、平等这些原则。有时候，家长认为孩子只会给自己添乱。就像我有时工作回来，又累又沮丧，连坐在沙发上喝一口水的力气都没有。再看到孩子在和自己较劲，我便很容易失去耐心。

世界上最考验人耐心的工作大概就是做妈妈。面对孩子时，你经常会和自己的心态做斗争，你会不断跟自己说："要放轻松，要有好态度，不要愤怒，不要发脾气。"在你的心被失败和气馁填满的时候，孩子又会拿出他致命的"武器"来吸引你投入下一次的修炼和战斗。他用他的"武器"告诉你：你要爱他、宽容他、接纳他，别无选择。

比如，前几天，孩子一边在跟我的一位好友视频聊天，一边在平板电脑上敲敲打打。我的这位好友从事计算机相关工作，我以为孩子跟以往一样，在向我朋友请教编程知识。半天过去了，我发现他还在电脑前忙活，担心他贪玩，便走上前一通质问："你今天的作业做了多少？房间这么乱，你为什么不收拾？你为什么还没有练钢琴？"孩子小声地回答："我做了一项作业。"我尽力压制住心中的怒火，但还是噼里啪啦讲了一堆道理，希望孩子能从这些道理中明白我的良苦用心。我顺手拿起平板电脑翻看他们的聊天记录，不过我基本没看懂，我问他们在研究什么，孩子偏不解释，而且眼圈慢慢发红了。于是，我一边调整自己的语气，一边带着他收拾房间。很快，房间收拾好了，我们的情绪也慢慢平复了。

半夜醒来，我想起白天发生的这件事：孩子为什么不跟我解释？如果他说清楚他们在探究计算机，我肯定会支持他啊！我越想越睡不着，索性拿来平板电脑，再次仔细看两人的聊天记录：VirtualBox、Windows（NT4.0）、虚拟硬盘……这么多陌生的专业词汇，信息量大而且很偏门，我只能大致明白他们在探究如何做"虚拟系统"。看来，孩子喜欢计算机不是一天两天了。从两人的聊天语境中，我看得出他们早已成为很好的朋友。孩子对于计算机的探索热情和欲望，已经远远超出我的想象。我突然想起几个月前，这位好友跟我聊过一次，说孩子的思维和知识量甚至已经超越了他这个专门研究计算机的成年人。只是那时,我没有太当一回事,更没有认真思考过"我是不是也应该作为他的朋友,陪他一起感受计算机世界里的乐趣"。

认真思索后,我意识到了自己的问题。我又想起了父亲对我说过的那句话:"育儿路上要把孩子当作自己的朋友真诚相待。"为什么孩子今天不愿意跟我解释,为什么他更愿意跟好朋友聊天,我恍然大悟。

第二天,我主动向孩子请教自己不懂的地方,并非刻意,而是真心好奇他们探究的内容。孩子开始慢慢跟我说,后来越说越开心,跟我分享了很多内容。我有的听明白了,有的还不明白,但那天我真的很开心,知道了很多有趣的知识,也看见了孩子眼睛里闪烁的光。看着孩子手舞足蹈的样子,我觉得,站在我面前的似乎就是一位演说家,正在舞台上激情澎湃地演讲。我深深感受到了孩子畅游在计算机世界里的快乐。我很欣慰,欣慰孩子的大脑在快速成长,欣慰自己差点在育儿路上跑偏但又及时回来了。

"当有人希望自己有耐心,你以为上帝是赐予他片刻耐心,还是给予他培养耐心的机会?当有人企求自己更勇敢,你说上帝是直接给他一时的勇气,还是给他锻炼勇气的机会?又如果你希望和爱人的关系更亲密,你想,上帝是要给你短暂的温馨,还是给你们一个共渡难关的机会?"电影 Bruce Almighty 里那个上帝派来的使者这样对男主角的妻子说。那个时候妻子不理解丈夫为什么要造一艘诺亚方舟,她离家出走了。最终,她因为使者的这些话而回到丈夫身边,和丈夫一起造船救人。

孩子也是上天派来的使者。我一点儿也不怀疑他们是带着任务来到这个世界上的。他们来到这个世界上的任务是:给他们爱的人和爱他们的人一个机会,一个使彼此更完整的机会。

在崭新的每一天里,我都想与大家共享我写给自己的一句话:"愿你一切出于自然并非刻意,愿你永怀善意灵魂澄澈明朗。"

(华东政法大学附属松江实验学校 胡熠天家长刘文慧)

在游戏中陪伴孩子成长

在疫情期间，我有了更多的时间和机会陪伴孩子。我曾经很担忧，不知道在家里可以教孩子学什么，在此特别感谢老师，常常在线指导我们如何为孩子提供居家游戏的条件。儿子每天都会和我说明天想玩什么游戏，我很感动。以往，我怎么就没发现他的小脑袋里有那么多的想法和主意？他会把家里的玩偶找出来，然后用各种物品布置玩偶的家。游戏情节有的来自他的日常生活，有的来自图画书、动画片，他甚至还会对故事的结尾进行延伸。

令我感到惊奇的是，儿子在玩"自创游戏"的过程中，常会出现安静思考的神情。遇到操作失败的时候，他会反复尝试，直到成功后才大大地舒一口气。儿子时不时就会更新游戏内容或进行一些发明。总之，在他玩游戏时，我的角色主要是欣赏者。当然，有时我也会接受他分配的"角色"，比如玩小动物生日派对游戏时，他会让我充当某个小动物的妈妈或奶奶，还会教我如何进行情境扮演。看到他的智慧充分展现在游戏中，我很高兴。但我依然会有隐隐的担忧：儿子每次玩游戏将近一个多小时，并且他只有在游戏结束后才愿意运动或画画，我怕他因痴迷游戏，将来不爱学习，进入小学后有各种不适应的表现。但是进入一年级后，老师经常跟我反馈孩子在校主动性强，很爱学习。我觉得这跟他平时在家里玩游戏是有一定关系的。我想分享一下自己的经验。

家长要对幼儿的游戏有一个科学的认识。对于孩子来说，游戏就是"玩"，是始于快乐、终于智慧的活动。幼儿的游戏具有以下几个特点：(1)游戏的目的就在于游戏本身；(2)游戏是孩子自主的活动，符合孩子的意愿；(3)游戏是注重过程体验的活动，不受结果评价的制约，它营造的是一种轻松安全的氛围；(4)游戏是建立在孩子原有经验基础上的活动，更多的是一种自我表现；(5)游戏是孩子作用于环境的活动，孩子在操作物体的过程中建构经验，因而它同时是一种自发的学习。家长理解了这些就能理解什么才是孩子真正的游戏。陪伴孩子进行高质量的游戏也是陪伴孩子成长、学习的一种方式。

（松江区联庄小学　高久容家长薛敏）

多和孩子在一起

很多人都赞同,家长是孩子的榜样,家庭是孩子重要的成长环境,温馨和谐的家庭环境更能培养出孩子健全的人格。但现实中,没有谁生来就是教育家,每个家长都需要不断学习,才能成长为被孩子崇拜、和孩子交心的家庭教育者。因此,家长应该身体力行,与孩子一起成长、一起学习。而在我们家,我们会和孩子一起玩游戏来增进亲子关系。

又是一个充满阳光的午后,我和儿子在饭后不由自主地相视一笑。我先开口:"要来一局吗?"儿子不说话,但脸上已经笑开了花。两台电脑已经开启,儿子熟练地调整好桌椅,摆放好鼠标键盘,开战!这是一款叫《魔兽世界》的网络游戏,没有少儿不宜的内容和画面,里面的形象也是诙谐的卡通人物,这个游戏我和孩子已经玩了一年多了。有的家长会觉得:家长怎么可以给孩子玩游戏呢?这不是耽误孩子的学习吗?孩子玩了游戏还有心思学习吗?其实,这些家长的担忧非常对,但是禁止孩子玩游戏真的有用吗?

对于玩游戏,我有不同的想法。现代社会,让孩子不碰电子产品是不可能的,就算家长不让孩子玩,孩子在与同学交流时也会接触到。更何况孩子都有猎奇的心理,如果家长一味制止,或许,孩子一接触就无法停下来,而且越玩越忘不掉,相信这是家长更不愿意看到的。而且,孩子不可能一直学习,他也是人,天性也是爱玩的。因此,如果家长完全禁止孩子接触游戏,只会适得其反。我认为如何让孩子玩好学好是一个值得我们思考的问题。对于游戏,我和儿子是有约定的:每个周六和周日,我们都会花费半个小时的时间玩游戏。但玩游戏的前提是儿子作业做好,该做的家务做好,这周没有触犯约定好的行为准则。如果孩子没有做到约定的事情,游戏的时间会有所减少,甚至会取消。当然,如果孩子这周学习有进步,言行举止各方面做得好,可以增加游戏时间。每周末的游戏时间是我们最期待的快乐时光。

除了一起玩游戏,我们还会一起读好书。语文是儿子的弱项。每次考完语文,儿子都没有底气。每次,我都会和儿子说:"没关系,继续努力!"在我看来,分数只是儿子近期学习情况的反馈,不能代表孩子的全部能力。对于考卷,我会和儿子一起分析。"基础还行,就是阅读和作文失分比较多。"儿子对我说。我觉得儿子可能还没有找到恰当的学习方法,在请教了语文老师后,我们决定从看书开始。其实,儿子从小学开始就读了不少的书,但他的阅读效果不理想。我们一家人就这个问题开了一个会,做出了一个决定,就是和儿子一起看书。每个月,全家都会读同一本书,读完以后,每个人都要说说自己的想法。一开始,孩子表达得比较简单浅显,但没有关系,大家一起讨论会有思维上的碰撞。孩子在听到我们的想法后也许会产生新的思考,慢慢地,他就会明白如何去阅读、去思考、去表达了。我们认为这样应该能帮助儿子养成良好的阅读习惯。

除此之外,家长自己的成长也很重要。儿子从小就是一个心思细腻的孩子,每当我们有头疼脑热的情况时,他都会嘘寒问暖。而我是一个急性子,一急就容易上火,所以儿子一直很怕我。以前,我觉得儿子怕爸爸很正常,但有一天,我整理房间时无意中看到儿子的"小账本",里面列举了我的"罪行",当时我特别难受。那天晚上,我想了很久,决定要改变自己,不能做一个让孩子怕的爸爸。教育孩子不能这么简单粗暴,让孩子怕能省很多事,但怎么让孩子在爱中成长更重要。我们在教育孩子尊重他人的时候首先要尊重孩子,我们在引导孩子变优秀的过程中自己也要更优秀。从那天以后,我就学会了和孩子一起玩,一起学。

家长与孩子是可以相互影响的,而且家长的成长和孩子的成长一样,是没有止境的。每个孩子的情况虽然不同,但只要家长好好引导,勤于思考,肯定能找到恰当的方法。

(松江区民乐学校　李凯文家长李刚)

手机风波

手机是人类发展进步的标志性产物,它为我们的生活所带来的便捷是毋庸置疑的。但对于很多家长来说,它又是孩子学习的天敌和成长路上的绊脚石。因为手机,有的孩子学习成绩一落千丈,家庭关系紧张,有时还会产生悲剧……于是,家长、孩子、手机之间的斗争总是无法避免。

儿子上初中后,我们约定每周末在所有学习任务都完成的情况下,他可以玩两个小时的手机。每周末,儿子和手机一起度过的短暂时光是惬意的,我认为偶尔的放松也未尝不可。就这样半学期过去了,我以为一切都在自己的掌控之中,但儿子的成绩却一落千丈。和老师沟通后,我才了解到他平时上课时心不在焉,测试成绩竟然还有不及格的情况。看到他的成绩下滑严重,我取消了他的一切娱乐项目,手机更是连碰都不让他碰。在我们的高压政策下,他只好答应了。之后,儿子每天做完作业还会主动去翻翻辅导书,我们为他的改变感到高兴和欣慰。

然而事情并没有那么一帆风顺。以前,儿子每晚都是在一遍遍的催促声中慢悠悠地洗漱睡觉。突然,有一天他很主动地去洗漱,不到九点就急着上床睡觉。刚开始我们也没在意,只是以为孩子长大了。一天晚上我帮他盖被子时,无意中发现被子里有一个烫手的东西,拿出来一看竟然是手机,一部正在充电的手机!这部手机是之前家里人淘汰下来的,我们甚至都忘了把它丢在哪个角落了,现在居然被这个"有心机"的孩子偷偷拿用了!我和孩子妈妈面对眼前所发生的事真是痛心至极,彻夜难眠。我们多么想把他叫起来,怒斥一番,打上一顿,最后当着他的面把手机摔在地上,似乎这样做才能宣泄我们的愤怒。但是通过冷静分析,我们明白打骂只是发泄了家长的情绪,并不能解决实际问题。

第二天,我们就当什么也没有发生,早上还是一切照旧,叫他起床洗漱吃早餐,只是美味的早点旁多了一部熟悉又陌生的手机。其实那天根本不需要叫,儿子早就醒了,他发现手机不见了,一直不安地蜷缩在被窝里,盘算着如何应对将要发生的一切。他低着头呆呆地坐在餐桌前,我先开了口:"儿子,首先,爸爸妈妈对你能找出旧手机再利用这件事提出表扬,这一点是我们没有想到的。你长大了,也需要同学之间的正常交流,所以,我们一致决定这个手机就归你了!"当我说到这里,儿子抬起头惊讶地看着我,眼神里似乎在说:"暴风骤雨怎么突然变成灿烂阳光了?"我微笑着继续说:"我来担任手机管理的小组长,在不影响正常学习和生活的情况下引导你正确使用手机。其次,对于你这次不及时沟通的行为和安全意识淡薄的表现,我要进行严厉的批评。你以后不管有什么需要和想法都要敞开心扉和爸爸妈妈说。手机充电本身就存在安全隐患,蒙在被子里充电更是容易引起爆炸和火灾,以后,你一定要杜绝此类行为的发生!对这个决定表示支持的请举手。"我和孩子妈妈马上举手赞成,儿子也举起了小手,他举起的手代表的不仅仅是同意,还有对爸爸妈妈的感激和信任。

宽容和信任是对爱最好的诠释。漫漫人生路,这只是我和儿子成长路上的一个小插曲。面对孩子的成长和手机的使用,我认为问题的关键就在于是选择"堵"还是选择"疏"。在我家这场手机风波中,我们选择以"疏"为主的方法是卓有成效的,儿子的真正改变也是从这场风波开始的。疫情期间,他独自一人在房间用手机,能较好地完成线上课程,听课率、正确率、作业完成度都能达到 90% 以上。儿子现在已逐步养成了合理使用手机的好习惯,我们真真切切看到了他正在一点点进步!

在为儿子鼓掌的同时,我和孩子妈妈也庆幸我们选择了正确的教育方法!孩子,我们是第一次做父母,也有不足之处,让我们彼此多一些宽容和理解,携手相伴,风雨兼程,以爱为圆心,以快乐为半径,画出我们人生幸福的同心圆。

(松江区泖港学校 牛梓良家长牛向辉)

手机风波后的自省

——如何有效进行亲子沟通

现代社会,智能电子设备已然成为人们生活的一部分。就像手机,很多人的工作、学习、娱乐都离不开它。孩子的学习也是如此,不仅要通过互联网查找学习资料,而且众多学习类的软件和小程序的应用也离不开手机。

有一次,儿子期末考试结束后喜滋滋地对我说:"妈妈,如果我这次考试考得好,你能奖励我一部手机吗?""可以啊!但手机最重要的作用还是帮助你学习,你虽然可以适当玩游戏,但不能影响健康和学习。这点你知道吗?""嗯!我知道。"

没过几天,儿子实现了他的愿望,但我的心里还有些打鼓,生怕手机给孩子带来负面影响。观察了一段时间后,我发现,儿子只用手机完成一些线上作业,没有其他举动。渐渐地,我就放宽了心,很多时候让他自己上传作业。

但是,好景不长,让人担心的事终于发生了。一天晚上,儿子躲在被子里偷偷玩手机,甚至连我开门进来了都不知道!我火冒三丈,难以相信平时乖巧的儿子竟然会这样做!儿子被当场发现后吓得不敢出声。我努力让自己冷静下来,没有发作。让我意外的是,儿子竟然主动提出上交手机。因为他承认自己没有合理使用手机,违反了当时的约定,所以,他决定上交手机,只在作业需要时才使用。

随后,我和儿子进行了一次长谈,分析了此种行为的危害:无节制地玩手机不仅影响睡眠,影响视力,伤害自己的身体,还会影响学习。

事后,我庆幸自己当时没有大吼大叫发泄怒火,而是让孩子自己认识到了错误,并且吐露心声。孩子犯错时,家长到底该怎么做,这是一个需要家长时常自省的话题。

一是善于倾听,给予孩子表达自我的权利。每个孩子都是家长的宝贝。每个家长都希望孩子的成长一帆风顺,但很多时候,会出现"关心则乱"和"揠苗助长"的情况。很多家长一发现孩子有什么小毛病,就忍不住纠正,这也不行那也不许;总喜欢给孩子设定各种标准,孩子稍达不到就容易发火。事实上,每个孩子都有其个性和特点,家长的这些管教往往会让孩子丧失自信。家长要多听听孩子的想法,不打断、不讽刺,哪怕孩子的想法再幼稚也要听一听,因为这尊重了孩子表达自我的权利,也是能与孩子顺利沟通的前提。

二是及时沟通,接纳孩子实现自我的想法。待孩子充分表达自我后,家长和孩子的双向沟通至关重要。如假期计划制订前,让孩子自己列一列哪些事情是每天都需要做的,哪些事情可以一周做一次;哪些事情是每天最重要的事,也就是每天都必须先完成的事情。做完这些后,家长根本不用担心了,因为孩子一定会把"做作业"作为每天最重要的事。不信大家可以试一试!家长要做的就是每天提一些运动方面的建议,关心孩子的健康需求。这样制订假期计划,家长和孩子很容易达成共识。当然,计划制订后要有相应的奖惩机制,这些机制同样可以让孩子自己尝试制定。这样,孩子就会慢慢从他律转变为自律。所以,相信孩子并接纳孩子的想法,是每个家长在沟通过程中的关键。

三是正向激励,激发孩子的内驱力。家长首先要观察一下自己的言行是否焦虑、带有负面情绪。例如,"都几点了,叫你几遍了,你都没听见""看看×××家的孩子,你如果有他一半好,我也就省点心了"。家长如果总说这种带有负面情绪的话,孩子一定会觉得家长唠叨又讨厌。其次,家长不能盲目奖励或恐吓孩子。比如孩子小时候吃饭慢,很多家长会说如果你半个小时内吃完你就可以看半个小时的动画片,如果你半个小时内吃不完就一周不许看动画片。短期来看,这招立竿见影。但给孩子留下的印象是,吃饭是为了看动画片。时间一长,孩子做事的动力都源于外部,是为了获得奖励或逃避恐吓。孩子如果丧失了原有的内驱力,怎么能独立自主?和谐的社会依靠法律来保障,和谐的亲子关系可以通过亲子共同商议并达成共识来实现。如日常作息、假期计划等,家长可以鼓励孩子自我监督并启发孩子自己做决定,让他明白"我是有决定权的,我可以为结果负责"。久而久之,孩子的秩序力和责任感就形成了。家长只要传递积极正向的情绪,孩子就能实现自我管理。

家长的言传身教非常重要。就拿使用手机这件事来说,如果家长平时经常在孩子面前玩手机,那就不要责怪孩子会迷上电子产品。让我们一起努力,多花一些时间与孩子沟通,做到真正意义上的有效陪伴,相信孩子一定会更加自信、自主、自律。

(松江区民乐学校　聂钰宸家长陈丽萍)

电子产品拉锯战

2020 年,疫情打乱了我们的生活节奏,工厂不能及时复工,孩子不能适时返校。幸好时代进步了,有了互联网,有了各种电子设备,全面实现停课不停学,"宅"在家也不落下学习进度,孩子们是幸福的。

然而祸兮福所倚,福兮祸之伏,孩子日日捧着平板电脑,仅用于听课岂不"大材小用"? 动画片、网络游戏、网络小说,似乎哪一样都比学习更有吸引力。面对互联网上的多重诱惑,我家甚至开启了一场电子产品拉锯战。

第一局:小试牛刀——删除应用程序。

为了防止孩子在上网课之余看视频、玩游戏,我们提前删除了除学习软件以外的所有应用程序。然而,我们晚上检查时却发现屏幕使用时间大多停留在视频软件上,原来孩子自己白天下载了视频软件,在我们快下班时又悄悄删除了。

第二局:改变战略——升级密码。

我们为 App Store 应用商店设置了密码锁防止下载。不过"道高一尺魔高一丈",孩子提前把网址隐藏在学习软件的评论区里,直接点击链接即可进入,并且屏幕使用时间显示的是在使用学习软件。如果不是孩子主动交代,我还真发现不了。消停了两天后,孩子开始每日锲而不舍地尝试破解密码。她用家人生日、纪念日等特殊日期的数字组合破解了一次,用我们常用的手机锁屏密码破解了一次,用平板电脑屏幕录像功能窃取了一次。她还把各种密码组合记录在本子上研究推断,由此可见,"兴趣"是最好的老师。

经过几轮的"勾心斗角",孩子发现实在破解不了密码后,退而求其次,把目光转向了电视机,我们的"战场"随之发生改变。

第三局:大刀阔斧——远程关闭网络。

电视机没有办法使用密码锁,我急得直跳脚。好在,一物总有一物降,家里使用的是电信 IPTV,孩子爸爸可以使用远程功能在没有网课的时间段直接切断网络! 对此,孩子无计可施,只能乖乖就范。但她放言将来要设计一款程序,能远程操控爸爸的手机。

有梦想总是好的,我们拭目以待。

互联网给我们的生活带来了许多便利,同时对我们提出了更高的挑战:成年人尚不能自律,经常沉迷网络,更何况对世界充满好奇的懵懂少年? 陪伴孩子成长,我们家长需要更多的智慧:除了积极引导,有时果断采取一些措施也是必要的!

（上海市三新学校松江东部分校　朱茗菲家长张孟姣）

叛逆来临之后

我时常回忆起女儿0至3岁的那几年,那段时光是甜蜜的、温暖的。原以为她一直会是那个乖巧、听话、人见人爱并朝着家长期望的方向成长的孩子,但现实往往事与愿违。随着女儿进入幼儿园、小学,接触了学校这个小社会,慢慢地,她有了自己的思考,也会通过自己的一些方法表达个性。这种行为从女儿上小学四五年级开始,尤为明显。

我清楚地记得,一个周末,女儿为了做作业的事情和我发生了争执。她一起床,牙也不刷就要看电视。我好说歹说,她才勉强吃完早饭,一吃完饭又拿起了电视遥控器,一边看电视一边玩平板电脑上的游戏,早就忘记吃完饭先做作业再放松的约定了。我一气之下,抢过电视遥控器,没收平板电脑,气冲冲地说:"说好的事情你怎么做不到,你的自控能力怎么这么差,看来你需要反省了。"说罢,我就把孩子赶到门外,等着她求饶。小时候,只要女儿不听话,我就吓她,说要把她关到小黑屋里,那时的她,总会哭着向我道歉,说再也不敢了。所以,我这次故技重施了,但让我没想到的是,门关了一会儿,但门的那头一点儿声响也没有。我心想,是不是她在自我反省,等我开门呢。这么想着,我便把门打开,可是门一开,女儿却无影无踪了。这下我慌了,顾不得形象,穿着拖鞋,关上门,冲出去找她。小区很大,我看不到她,只能一边喊着她的名字,一边四处张望,跑到门卫处,询问有没有看到一个女孩,都说没有看到。我急得哭出来了,这才意识到事情的严重性。我又往回跑,一幢楼一幢楼地找,找了一大圈,终于在小区最里面的快递柜那里找到了她。她同样只穿了拖鞋,在漫无目的地走着,神色木然。我冲上去一把抱住她,我从来没有这么害怕过,害怕会失去女儿,同时我也明白,她不再是小孩子了,她长大了,她有自己的思想和尊严。

我告诉了孩子爸爸这件事情,他也意识到,面对孩子的叛逆,我们应该反思自省。人与人之间最需要的就是尊重,当孩子慢慢长大后,他们更需要家长的尊重。家长在教育孩子的过程中不能强迫他们、压制他们、控制他们,而应该用一种平和的方式去引导和沟通,与孩子平等相处。

另外,我之前总是拿女儿和其他孩子进行比较,比成绩,比吃饭速度,比自理能力……这令她十分反感。为了改变这种情况，我努力调整自己的心态，并购买了相关育儿书籍，想学习一些经验。现在的我，不再拿女儿和其他孩子进行比较了。"金无足赤，人无完人"，每个孩子都是独立的个体。有时，"优点的另一面是缺点，缺点的另一面是优点"，我们应该善于发现孩子身上的闪光点，并进行培养，而不是把孩子较为弱势的一面去和他人较有优势的一面相比，这只会让孩子更加不自信。我现在经常会拿现在的她和之前的她进行比较。比如，女儿每次月考或者期中、期末考试结束后，我都会画一张曲线图，拿她本次的成绩和上次的成绩进行比较，让她清楚地了解自己的学习情况，及时查漏补缺。

家中但凡有需要决策的事情，我们都会让女儿参与，让孩子感受到作为家庭成员，她同样有发言权。周末的兴趣班、培训班，决策权在她自己手中。我对孩子说："你的兴趣你做主，你爱跳舞，报了舞蹈班，那就好好学，即使有一天你想放弃了，也请有始有终地跳完那一期，给自己的付出画上一个完美的句号。人需要对自己的决定负责，即使是错误的决定，也需要从中总结经验、教训，以便以后不犯同类错误。"

如今女儿已是一个初中生，可喜的是，她回家后愿意和我分享她在学校的点点滴滴，不管是开心的还是不开心的，我知道，她是因为信任我才这么做的。我们之间也有约定，平时上学不玩手机和平板电脑，周末的时候可以在写完作业后玩一会儿游戏。我们有时候还会和她一起讨论游戏关卡，讨论她的编程课。

电影《你好，李焕英》中有一句经典台词："我的女儿，只要她健康快乐就行了。"这句话说出了我的心声。

面对孩子成长中的叛逆，家长需要正确引导。家长应该相信孩子的叛逆是暂时的，总有一天，孩子能步入正轨，活出他们向往的人生。

（松江区第六中学　陈嬿家长朱可言）

我和游戏有个约定

当孩子的老师邀请我参加"家庭教育智慧故事"家长征文时,我正在为如何引导孩子做好游戏管理而发愁。

假期一开始,孩子又玩起了手机游戏。我坐在书桌前,从审视自己的心理开始,给孩子写了一封信:"我小时候没有电子产品,更别提游戏了,等我大一点的时候,街上才有了游戏厅和网吧。而在我的认知中,这种地方很容易让人沾染上坏习气。现在电子产品如此普及,我们在享受它带来的便利和快乐的同时,也承受着它对我们的时间和精神的消耗。它是如此容易让人沉迷,大人都很难自律,更何况孩子。因为害怕你会沉迷,我有时才会极力阻止你,而当我们因此发生冲突的时候,我又是如此挫败和无奈。回想抚养你的过程,我有些伤心,也有些自责,因为我没有很好地陪伴和引导你。当我不能及时平复种种心绪的时候,只好用强行制止的方式来处理,激起了你的叛逆。我希望这个寒假,我们可以一起探讨合理有效的方法,一起努力度过一个快乐充实的假期!"孩子看过信后,也跟我说了他的感受,欣然应允我的建议。

紧接着,松江区家庭教育指导中心开通了"如何与孩子制定手机协议"的直播,分享了手机依赖的影响和危害、形成的原因、孩子的诉求、解决问题的途径、具体的方法等。我听了以后豁然开朗,把认真做好的笔记跟孩子分享,他也明白了建立规则、严格自律的重要性。我们一起制定了电子产品的使用协议,其中详细规定了每天使用的时间段和时长,以及一些奖惩措施,比如,每周二、四、六可以在下午6:30至7:30玩一个小时的游戏,若在约定时间外玩游戏,少于15分钟,则隔次扣掉相应时间;若超过15分钟,则每多一个15分钟,停玩一天;若遵守约定,一周可多玩一局,大约20分钟。这样的协议让我和孩子有了共同的目标,不会为了要听从谁而争执不下。当然,在具体实施的过程中,还是会出现波折,孩子会为了延长游戏时间找借口,做不到的时候也有些烦躁,但基本上可以遵守。除了规划每天的电子产品使用时间,他还对自己的学习时间进行了规划,有条不紊地完成着各门功课。我也有意识地安排了更多的亲子相处时间,和孩子一起骑车、看书……我感觉自己跟孩子的心更贴近了,关系融洽了很多,真的很开心!

在寒假即将结束的时候，孩子跟我说："妈妈，我不想玩这个游戏了。"我心中暗喜，谁料孩子紧接着说："换个新的游戏吧！"我连忙接话道，正好也开学了，就不要玩了吧，偶尔放松一下就好了。经过这一番努力，我和孩子在游戏上终于达成了共识，也少了许多冲突和矛盾。在孩子成长的道路上，我会继续用心陪伴他，和他一起面对各种难题。

（松江区九亭中学　尤崇阳家长牛婧）

如何合理使用电子设备

现在孩子身处的社会环境比我们小时候更加丰富多元：社会物质极大丰富，孩子的生活更加幸福；科学技术飞速发展，孩子的自我意识更加强烈。

对孩子的培养需要更多的智慧，这个过程，也是家长自己学习的过程。我想，家长要做的就是不断引导，自己走过的弯路，让孩子尽可能跳过，让孩子健康茁壮地成长。这里要面对的问题其实很多，因为我是从事计算机科学领域相关工作的，因此在孩子成长过程中，我比较关注现代社会高度电子化、信息化和网络化对孩子成长的影响。

我发现很多家长在孩子幼童时期会通过电子设备来吸引孩子的注意力，我家也不例外。孩子在幼童时期，对鲜艳的色彩十分敏感，电视机上鲜艳明亮的画面，平板电脑、手机的动态交互，都牢牢吸引着他们的注意力。这个时期，家长要严格控制孩子使用电子设备的时间，避免孩子因视觉疲劳而影响视力。而家长因为各种各样的原因，不能完全做到在孩子面前不使用电子设备。在这样的情况下，家长要分散孩子的注意力，引导他们阅读彩色书籍，到户外运动和玩耍等。

到了小学阶段，孩子要借助手机学习一些课程。这时，家长要从保护视力的角度去考虑电子产品的使用。目前，国家教育部门已经意识到中小学生的视力问题，借助增加体育课时、加强户外运动等方式进行干预。但视力问题不仅仅是由沉溺电子产品导致的，不正确的坐姿、昏暗的环境和缺少营养元素、遗传因素等都可能影响孩子的视力。每个家庭都要分析孩子面临的近视风险诱导因素，去逐一化解。我家孩子在小学高年级阶段就近视了，我们从加强户外运动和调整坐姿两方面进行引导，控制近视的加深幅度。我建议，使用家用电子设备和玩电子游戏的时间尽量控制在每周1至2个小时。

进入初中后，我没有给孩子配置手机。现在手机应用已经泛社交化，不只局限于短信、通话功能。在孩子没有形成自控能力和判断能力不强的情况下，手机产生的负面效应可能远远大于正面效应。所以，我对孩子使用家中的电子设备进行了严格的要求：一是严禁使用社交类软件；二是严禁使用游戏软件。家长可以演示给孩子看自己日常通过使用手机社交类软件要做什么工作，正面引导孩子，从工具的定义上去和孩子交流各类接入互联网的电子设备的使用目的。

我们没有禁止孩子使用竞技、运动类游戏软件和观看电影等。每周末，孩子在完成学习任务后，作为调节可以使用电子设备玩一会儿游戏，也可以观看探索发现类纪录片和科幻电影。考虑到孩子上初中后会学习数学、物理、化学等课程，我提前将电子设备类的物理原理、计算机原理、游戏程序和游戏画面渲染的显示算法、人工智能基础等知识融入游戏，让孩子去思考。当孩子打开游戏机时，他会思考"为什么联动装置会有相应的反应""为什么通过手机内置陀螺仪，左右摇晃设备会让赛车产生左右拐弯的效果"。通过观看探索发现类纪录片和科幻电影，孩子会思考"为什么《星际穿越》里通过能量守恒定律，抛射的飞船主体到黑洞会使返回舱利用引力弹弓效应返回地球"等。

我还通过旅行的方式去开阔孩子的视野，让孩子了解祖国的秀美山川。我通过多种方式一步步引导孩子理解打好学科基础的意义，让孩子学会合理使用电子设备。

（松江区民办茸一中学　高菁宁家长高鹏）

手机的诱惑

随着智能手机的普及和互联网技术的发展，手机对我们生活的影响越来越大，除了基本的通信需求，社交、购物、娱乐，甚至工作、学习等也离不开手机。手机在给我们的生活带来便捷的同时，也给我们带来了许多烦恼，许多家庭的亲子关系出现问题都与手机有关。我的女儿现在上七年级，在手机的诱惑下，我们也经历了一场斗争。

女儿在上五年级以前没有自己的手机，只有上网课或者学习古诗词时才会借用我们的手机。有时，女儿会用我们的手机玩一些小游戏。对于这一点，我认为堵不如疏，但家长需要把关游戏内容和游戏类型。所以如果她作业已完成，我们一般不会拒绝她的要求。另外，我们比较注意孩子玩手机的时间，一般不能超过半个小时，但是如果我们准备收回时，女儿的一局游戏正在进行中，我们也会允许她把这一局打完，亲子关系还算和谐。

从女儿上六年级开始，因为她需要在网络上查资料及练习英语口语等，我们便把家里人淘汰的一部智能手机给了她。但这部手机只能使用无线网或热点上网，我们还约定手机主要用于学习，玩游戏等要在完成学习任务后进行。一开始，女儿认真遵守我们的约定。但一段时间后，我发现她做作业的效率下降了不少，错误也变多了。有一次，在女儿做作业时我进行突击检查，发现她立即把手机关掉，摆出一副专心致志的样子，神色却有些慌张。我拿过手机一看，她果然是在玩游戏。我虽然有些生气，但还是调整了一下心情问道："你作业还没有做完，为什么玩起游戏来了呢？"女儿怯怯地说："我刚才做完了一项作业，感觉有点累，就想玩几分钟游戏放松一下，结果玩起来就忘记了时间。"我点了点头："爸爸理解你做作业时间长了会有点累，中间放松一下也是应该的。但放松的方式有很多，如站起来走走、喝点水、吃点水果、听一首歌等，既然你玩起游戏容易忘记时间，为什么不试试其他的方法呢？"女儿乖巧地说："好吧，那我试试其他的方法吧！"我接着说："为了防止你在写作业期间再玩游戏，我先把手机收掉。你如果需要查找学习资料，可以在爸爸妈妈的陪同下使用手机。"于是，女儿开始按照这样的要求使用手机。

疫情期间,女儿要用手机在线上进行学习。因为我们是双职工家庭,很难一直陪伴和督促女儿,手机又逐渐攻破了女儿的心理防线。慢慢地,我发现她不仅玩游戏,还开始看网络小说!有一天半夜,我发现她的房间有微弱的光线,开门一看,她竟然还在看手机!我强忍着心中的怒火,对她进行了严厉的批评,并让她保证以后不再发生类似事情。后来,每次睡前,我们都要把她的手机收掉。

疫情得到有效控制,女儿顺利返校后,班主任组织召开了"我和手机有个约定"的主题班会,大家经过讨论达成共识:"手机不是问题,如何使用才是问题。"随后,家长与孩子一起协商制定了"手机使用公约"。公约不仅规定了孩子使用手机的条件,也对家长提出了配合的要求,家长与孩子都签名承诺并遵照执行。自此以后,女儿使用手机的情况开始好转。虽然我们现在调整了"手机使用公约"的部分内容,但总体上,亲子关系比较和谐。

是的,"手机不是问题,如何使用才是问题"。具体要如何使用手机,家长与孩子必须一起协商,共同确认。家长既不要"一刀切",又要合理地监督。所以,我认为,家长在制定公约前要从孩子的真实需求入手,逐步推进。总结一下,"手机使用公约"的制定步骤如下:(1)平和沟通,了解现状;(2)共同探讨,制定方案;(3)规定时间,约定奖惩;(4)坚定执行,兑现奖惩;(5)事后总结,共同修正。

愿手机成为孩子学习和生活的实用工具,不要让孩子成为手机的奴隶!

(松江区九亭第二中学 李书宁家长李跃进)

专题九

品格塑造

以礼待人天地宽

很多家长发现:孩子上二年级后喜欢上了交换礼物,如文具、玩具、卡片等。礼品交换是人与人之间情感交流的重要一环,是孩子心智成长的正常需要。但是,有些孩子没能把握好交换礼物或者说交换物品的度,以致发展为"强迫交换"这一非正常状态。有些情绪激动的家长,甚至用偷、窃、抢等难听的词语来斥责这种非正常的情况。

实际上,处在这个年龄段的孩子,对世界、对社会充满好奇是正常现象,这个阶段也是我们教育、引导孩子的最佳时期。

1. 以礼待人

孔子很看重礼,他指出"夷狄之有君,不如诸夏之亡也",意思是,四周蛮夷有国君,还不如中原华夏地区的国家暂时没有国君来得好,因为他们没有礼,国君也不想要礼,那么,国家就完了。

我们中华传统文明提倡的礼,体现的是一种秩序和规矩,孔子希望每个人都能遵守这种秩序和规矩,这样社会才能正常运转。但是,当秩序和规矩与自己的欲望发生冲突,而自己又有挑战这种秩序和规矩的能力时,应该怎么办? 孔子给出的回答是"克己复礼",即克制自己的欲望,遵守秩序和规矩。

家长 1:我家孩子遇到过"强迫交换"的情况,回到家很郁闷。在班里,有一次,B 同学拿着与 A 同学交换的文具强行和 C 同学交换,A 同学看到 C 同学拿着自己换出的文具很生气,就强行把自己的文具从 C 同学处抢了回去。还有一次,孩子不愿意和同学交换,同学就强行拿走她的文具,留了其他同学的文具给她……

孔子说:"礼之用,和为贵。"这不是要维护旧秩序,而是指要达到和谐,每个人都要扮演好自己的角色。

家长 2:我女儿说过,许多同学看到她的铅笔和橡皮好,都问她要,然后,她把很多铅笔和橡皮都分给同学了。最后分完了,有的同学还来要,闹得很不愉快……后来,我和她说,文具是用来学习的,不是特殊情况,一般不用来作为礼物赠送给他人,况且分不匀,不仅会造成不愉快,还会伤感情,"要来要去"的习惯是一种坏习惯,我们不能随便向别人要东西,也不要助长这种不好的风气。

我们高兴地看到,懂礼的家长更有智慧!

2.己所不欲,勿施于人

一天,子贡问孔子:"有一言而可以终身行之者乎?"孔子答:"其恕乎!己所不欲,勿施于人。""己所不欲,勿施于人"是指在日常生活中,我们应该学会换位思考,看自己能不能接受。如果自己不愿意接受,那就应该立即停止,不论是语言还是行为,都不要强加于人。

用自己的认知去评论事情,事事都不完美;用自己的心胸去度人,人人都有不足;用自己的标准去要求别人,人人都不达标。眼中有人才有路,心中有爱才有度。一个人的宽容,源自一颗善待他人的心;一个人的涵养,源自一颗尊重他人的心;一个人的修为,源自一颗和善的心。

懂得尊重他人的人,才能得到他人的尊重;柔和待人的心态常伴自己,才能处处祥和。每一个人都是独立的个体,都应该尊重他人的选择。人不能霸道,霸道则无友;心不能自私,自私则困。

家长3:现在,孩子上兴趣课时会互换班级。上周,我女儿抽屉里的试卷被别的小朋友撕了。这周,我女儿抽屉里的一盒彩色水笔被偷了,剪刀也没了!

家长4:不急着用"偷"这个字,别的小朋友可能只是好奇。

家长3:用"偷"这个字是难听。可能别的小朋友觉得好玩,拿着玩了一会儿,忘记放回去了。

家长4:这学期,孩子之间流行换东西。我家孩子一天到晚丢东西,拿回来的也不知道是什么东西。

家长3:你喜欢,我喜欢,如此交换,才叫换。

家长4:不过,孩子换着换着就开始强换了。

家长3:这肯定不行,现在强换,以后就要强买强卖了!

家长4:孩子是有这么一个令人烦恼的成长阶段。快到集中教育的时候了,学校应该组织一场主题班会。

家长3:我们要多和老师沟通。女儿每次上兴趣班,都会缺东西。女孩子胆子小,在学校又不敢说。

家长4:不过,换一个角度看,你应该高兴——你家孩子品行好。那些"多了东西"的孩子,家长更应该警惕!

家长3:学校要教育教育全年级的孩子。一来不让小朋友"丢东西";二来让拿了东西的小朋友悬崖勒马,养成好习惯。

家长4:我们也正在为这件事情苦恼,大家都有想法的话,我们可以一起教育孩子!在人际交往中,将心比心不失为一条良好的交往准则。如果我们将心比心,凡事多站在他人的立场上思考,生活就会变得更加美好。

家长5:这种"强迫交换"或者说是"强行索要"的情况,我女儿已经遇到了。一个同学向她索要彩色水笔,后来,我们跟她讲了,她不愿意给的话就坚决不给,还可以向老师反映情况。同时,我们也和对方家长及时沟通,就说她们是好朋友,我们孩子要送整套彩色水笔给对方,对方家长也明白了,第二天就把彩色水笔退了回来。后来,我们了解了一下,这个孩子向班级中很多同学索要过东西,所以,我们向班主任反映了情况,请班主任及早干预。现在,这个孩子改变了很多,不像原来那么强势了。早发现,早干预,早教育,应该是一种好的方式。

我们欣喜地发现,明礼的家长更有仁心!

3. 己所甚欲,亦勿强施于人

庄子说"马,蹄可以践霜雪,毛可以御风寒,龁草饮水,翘足而陆,此马之真性也",意思是,马的蹄子可以踏霜踩雪,皮毛可以御风寒,它看见水喝水看见草吃草,吃饱了喝足了,就在草原上自由地撒欢,这就是马自由而真实的生活。

然而,"及至伯乐,曰:'我善治马。'烧之,剔之,刻之,雒之,连之以羁馽,编之以皂栈,马之死者十二三矣。饥之,渴之,驰之,骤之,整之,齐之,前有橛饰之患,而后有鞭策之威,而马之死者已过半矣。"可是,来了一个叫伯乐的人,他说他善于驯服马,他把这匹自由自在的马牵过来给它勒上笼头,钉上马掌,这匹马的死亡率就占十分之二三了;然后他又来训练这匹马,立正稍息齐步走,这匹马的死亡率就超过半数了。所以,我们每个人都不能把自己的生活方式和生活理念强加给他人,每个人都可以有自己的选择,只要自己愿意就好。也许他人的生活在你看来是不舒适的,但如果把你心目中认为的好生活给他们,他们也不一定会感到快乐。

家长6:这学期,孩子经常丢东西,也经常带一些东西回来。我们问他,孩子说,同桌一定要跟他换。

庄子讲过这样一个故事:人们想杀了一头猪去祭祀祖宗,一个管祭祀的官员觉得应该给猪做一做思想工作。于是,他穿得整整齐齐来到猪圈,恭恭敬敬地对猪说:"猪啊猪啊,你何必怕死呢,我告诉你,我会好好地善待你,好好喂你三个月,让你吃最好的东西,然后在杀你之前,我会用香汤沐浴,斋戒。最后,我会在你的身子下面铺上干净的茅草,把你的前肩和后腿放进一个雕着花的盘子里,你觉得怎么样?"猪什么也没说,因为它没有选择,你看,这和我们现在的很多事情何其相似。

实际上,对于我们每一个人来说,幸福的生活就是我们向往的、自己选择的生活,我们没必要为了他人所谓的好生活而去牺牲自己的自由和自己内心真实的追求。把自己的生活方式强加给他人是不对的,哪怕你是真心实意为对方好,如果你是虚情假意的,那就更不对了。所以,我们应该向庄子学习,己所甚欲,亦勿强施于人。

让我们用这句话共勉:真正行礼的人,心中光明!

(东华大学附属实验学校 王易嘉、高易皓家长王建成)

挫折来临之后

女儿现在上三年级，是一个性格外向、活泼开朗的孩子。她参加过几次表演和主持活动，也算积累了一些经验。学校正在举办"悦"读节活动，她很荣幸地成为闭幕式的一位主持人。由于时间比较紧张，老师让小主持人利用周末的时间分别熟悉自己的主持词。我帮她把主持稿粘贴在硬卡纸上，告诉她有哪些需要注意的地方，过后，也就没多问她的准备情况。没一会儿工夫，我看到她将主持卡收拾起来了，便关心地问："你试一次，我给你参谋一下吧。"只见她钻进书房，捧起一本书，头也不抬地说："不用了！我要看书。"

在第二天活动时，老师发来了照片，看着她自信的样子，我心里很高兴，想着回去要夸夸她。下午回到家，我问她："你今天主持都好吧?"不问还好，这一问，她的眼泪一下子就流下来了："我读错了好几个字！"

"啊？这些字你都认识啊！"我觉得很奇怪，这是怎么回事?

"是的！而且我在台下认真进行了练习，我觉得是没有问题的！谁知道，我一上台就出现了三次错误！"女儿抱着我，一个劲儿地说今天主持时发生的事情。

"没事的，可能是你太紧张了。再说，你也是这些主持的同学中年龄最小的！"我想安慰安慰她。

"还有一个上二年级的同学，她把主持稿都背下来了！"一说完这个，她似乎更加难受了。

看来我的引导要改变方向了："是吧！那就说明她很重视这件事，准备得很充分！你想想，昨天我跟你说让你先试一遍的时候，你却着急去干别的，是不是?"

她认真地听我分析，小脑袋瓜子里又冒出来一个问题："我们班同学也听到了，他们会不会认为我主持得不好啊?"

"这些都是发生过的事情了，你也没必要太在意他人怎么看你，你也有很多做得好的地方，那么长的主持稿，你读错几个字，同学们不注意听也不一定能发现。关键是，你以后如果有机会再次参加活动，我们要认真做好准备工作，就像那个二年级的小朋友一样，好不好?"说完这些，我下意识地抱紧她，想用温暖的拥抱来宽慰一下女儿。

　　这是发生在我们家的一个小故事。我们的孩子处在成长过程中，每天都在经历着成功和失败。作为家长，我们要从客观的角度进行思考，在适当的时候，引导孩子学会分析成功或失败的原因。如果孩子把成功与失败归因于任务太重、时间太紧、运气不好等，就会降低自身努力行为的坚持性。如果孩子把成功与失败归因于自己的努力程度、对待任务的态度等，就会增强自身努力行为的坚持性。因此，我们要引导孩子学会积极归因，不骄傲、不气馁，更加努力地实现目标。

　　我在宽慰女儿的时候，给她确立了一个目标——"就像那个二年级的小朋友一样"。其实我是在暗示她："只要你肯努力，你肯定可以和她一样好。"这对于她来说，就是一个明确而合适的目标，今后当她遇到类似的问题时，这个目标就可以激发她学习的积极性，而她的积极性越高，获得成功的可能性就越大。她通过努力获得成功，便会增强自我效能感。

　　孩子每天都在经历着成功和失败，如果他们对自己做过的事情有比较清晰的认识和分析，能够给自己确立一个个小的目标，不断跟过去的自己比，从自身进步、变化中认识、发现自己的能力，体验成功，增加自信心，那么，当再次遇到挫折时，他们便能拥有积极、客观的态度，增强自我效能感，持续努力。

　　　　　　　　　　（上海师范大学附属松江实验学校　章云清家长章圣焰）

从小做家务，培养孩子的责任感

为人父母，我感觉教育孩子有时就像走迷宫，找对了方向，过关斩将，到达目的地；方向不对，则会迷途受阻，茫然不知所措。漫步在长辈教育自己的记忆里，我在思考，孩子的学习固然重要，但从小培养孩子良好的品德和家庭责任感更为重要。我们应该以身作则，带着孩子一起做家务，培养孩子的家庭责任感，继而建立孩子的社会责任感，使孩子成为有责任心的人。

儿子小的时候，每天吃过晚饭，孩子爸爸总会大声地说："妈妈做饭辛苦啦！让妈妈好好休息，我来洗碗吧！"儿子看在眼里，学到心里。一天，上一年级的儿子放学回来高兴地说："妈妈，我在学校把作业都写完了，现在，我帮您择菜吧！您先休息一会儿！"我惊奇地发现，儿子悄悄地长大了！我带着儿子一起择菜，他一边认真地择出晚上要吃的蔬菜，一边和我说着学校里发生的有趣的事情，眼里闪烁着光芒。我认真地听着，并告诉他我的想法和建议。那一刻，我能感觉到他金子般纯真的心灵，温馨的氛围萦绕着我们，暖意融融。

吃过晚饭后，累了一天的我有点头晕，就靠着沙发休息了一会儿。儿子说："妈妈，您每天既要做家务，又要辅导我学习，太辛苦了吧！要不您教我洗碗吧！这样，我就可以帮您做家务了。"于是，我给儿子做了示范，他卷起衣袖就开始洗碗。稚嫩的他洗得很用心，一圈一圈地擦碗，洗完还闻一闻碗上有没有油味，呆萌又有趣。儿子第一次洗碗，动作很慢，也有些笨拙，溅出池外的水浸湿了他的衣服，可他在认真做事，完全没有察觉！见我在一旁观察，他朝我伸伸舌头，推我去沙发上继续休息。碗洗完了，我赶紧拿吹风机给他烘干衣服。"谢谢你，儿子，你以后勤加练习就熟练了。你专注的样子，让我相信你将来会成为一个有担当的人！"

睡觉前，我陪儿子在床上聊天。我表扬了他主动学习做家务的态度，而且做得很认真、很投入。儿子说："我想和爸爸一样，帮您一起做些家务事，减轻您的负担。以后，我们约定好，您一说'我头晕了'，我就洗碗，好不好？"说着，儿子在机器人玩具上按了一下，机器人就自己动了起来。"就像这样。"阿杰咯咯地笑起来……

孩子的童真可贵,有趣的提议中透着真诚,多暖心的话语啊!儿子,你一定是降临凡尘的天使,伴我欢笑,为我解忧。我虽然和你一样,舍不得你太辛苦,但未来的路要靠你自己走下去,为了培养你优良的品行,还有对家庭的责任感,我必须硬起心肠,教会你所有的劳动技能,帮你养成爱劳动的好习惯,这样你才能受益终身!

也许是生活的日积月累和我们的言传身教让儿子福至心灵,他主动想到要帮妈妈做事。儿子,我们都是家庭的一员,以后妈妈会带着你一起做家务,让你学会分担家里的责任,这样,你长大后才会懂得承担自己在社会上的职责。家庭是社会的基石,只有我们每一个家庭稳固了,我们的国家才能更加安定繁荣。让我们一起加油努力吧!

(松江区中山小学　郑睿杰家长苏蒨蒨)

支持理想，激发动力

在生活中，很多家长喜欢问孩子的理想，我也不例外。大约在昊昊上一年级时，我问他："昊昊，你长大后想做什么呀？"昊昊毫不犹豫地答："造出世界上最安全的飞机。"我十分惊讶，问："为什么呀？"当时的他可是时不时就完成不了学习任务的。他立马放下手里的玩具，一本正经地跟我讲他在纪录片《空难调查档案》中看到的各种伤亡情形，最后他说："我不想再有人失去宝宝或者失去爸爸妈妈。"听他说完，我震惊了，决定不管多难，不管这个理想最后能否实现，我都要全力支持他为之努力。

从那之后，他的玩具几乎都变成了各种飞机模型。我和孩子爸爸从不拒绝他想要购买飞机模型的想法，常带他参观各地的航空航天博物馆或科普馆。孩子爸爸更是用心，经常跟他讲一些航空类的知识，有时一讲就是两三个小时；身高186cm的他陪着孩子在地板上摸爬滚打，模拟各种飞行、空难和救援的场景。这不仅教给了昊昊航空知识，也加深了父子俩的感情。慢慢地，昊昊开始阅读航空类的书，我特意把家里的书架留出一层放这类书。今天，一层书架已经远远不够，书目也从儿童科普的航空类书籍变成了专业性更强的航空类书籍，包括《天空巨擘——解码世界民航强国》《空难启示录——谁是航空安全的金钥匙》《世界航空航天企业百年发展与演变——莱特兄弟们的公司都哪里去了》等。我们家常年订阅杂志《航空知识》。昊昊也从听爸爸讲故事，渐渐转变为跟爸爸讨论航空类的问题、与妈妈交流航空类的故事。不管何时何地，只要昊昊开讲，我和孩子爸爸都会停下手里的活，全身心地听他讲、跟他讨论。

上三年级的时候，昊昊提出想去珠海航展看看，虽然门票、来回机票及食宿的费用对我们来说较为昂贵，我和孩子爸爸的空闲时间也不充裕，但是我们仍然决定想办法陪他去。在航展上，他近距离看到了我国歼-20、运-20等各种先进的飞机，还登上了未来大飞机CR929模拟舱。他特别高兴，在回程的飞机上就跟我说："妈妈，我更喜欢飞机了，也更想造出我自己的飞机。"孩子爸爸适时插话："你如果真想造飞机，考大学时可以选择航空类的专业。"他毫不犹豫地答："好！"

从航展回来后，我找来一本《普通高等学校本科专业目录》，和他一起找航空类的大学或开设相关专业的大学,又特意带他去参观了北京航空航天大学。走在北京航空航天大学的校园里,他兴奋地说将来一定要考上这所学校,一定要造出世界上最安全的飞机。虽然当时他的成绩还不是很好,我仍然从网络上找到北京航空航天大学最近五年的最低录取分数,认真跟他讨论学习方法。最后,他给自己定下目标:不管在哪个阶段,每门课程的成绩都必须达到 A 或 A+。

至此,他的目标更加具体和细化,在学习上也更加认真主动。有时因身体原因不得不请假,他也会坚持自学,不愿落下一点学习进度。在居家学习的那段时间,他也能严格要求自己,自觉认真地完成各项学习任务。另外,他还主动学习课外英语,希望读懂英文原版的航空专业书,不断增加阅读量,为将来造飞机打下更好的知识基础。更难能可贵的是,他学会了钻研:遇到难题或错题,他一定要多方查询,找到原因,解决问题;在生活中,他喜欢做各种实验,还获得过学校的"小研究员"称号;在读课外书时遇到不懂的内容,他也会查询研究,直到弄懂。

一次聊天中,我对昊昊说:"我最欣赏也最佩服你的是,你这么小的年纪就能坚持一个理想,并做好规划,不断努力。"他说:"其实第一次跟你说我的理想时,我并没有想很多,有时也会忘记它,也想偷懒。但是你和爸爸那么支持我,陪着我做了越来越多的事,我也就越来越认真地对待它,也越来越愿意为之努力。"是呀,试想我们多少人也曾胸怀大志,但是在孤军奋战中就不知不觉地放弃了。可能就是因为在我们懈怠时没有人及时提醒,在我们困难时没有恰如其分的支持。我想,在孩子的成长中,家长用行动去陪伴和支持他,就是对他最好的鼓励!家长用行动去陪伴和支持他,就能激发他为理想奋斗的内在动力!

(松江区中山小学 徐嘉昊家长唐曾华)

勇敢与坚持

——记女儿学游泳的经历

记得女儿上幼儿园中班的那个暑假,班级里很多小朋友都去学游泳了。我想着女儿还太小,估计学不会,又想着女儿有呼吸道疾病,让她去锻炼锻炼身体也好,便问她要不要去,她一听乐坏了,马上点头表示要去。她很喜欢玩水,平时我怕她感冒生病,不太敢让她玩水,哪怕洗澡也规定要在 10 分钟内洗完。对于学游泳这件事情,她很开心。于是,我就找了一家游泳培训机构带她去体验一下。当天,女儿换上漂亮的泳衣、戴上泳帽和泳镜,就迫不及待地要下水。

在教练的带领下,她开始拉伸。做完热身运动后,女儿在后背绑上浮板就准备下水了。因为是夏天,游泳馆里有很多大朋友、小朋友,大家都在水里玩得不亦乐乎。女儿刚下水,就因为失重而感到害怕,在教练的搀扶下,女儿沿着泳池边慢慢走,教练告诉她,她可以自己扶着池边先学着在水里慢慢走,渐渐地,女儿的胆子变大了。在她适应水里的感觉后,训练开始了,教练让她趴在池边,跟着口令练习手臂和腿脚动作,这些动作她学得很快。于是,她开始下水了,双手握着滑水板,腰间系着漂浮板,在教练的带领下漂起来了,在水里学习蹬腿、收腿等动作。一眨眼下课了,我问她想不想继续学,她很肯定地对我说:“妈妈,我要学。”我告诉她:“你要学就要坚持下去。”她看着我肯定地点了点头。于是,我们报了一期的课程。前两天的课程,她很喜欢,教练在她后面,指导她练习腿部动作。第三天,教练开始让她练习换气动作,她有些害怕,担心眼睛里进水,就发脾气不想学了,一节课中总借着上厕所的理由离开,没怎么练习。下课后,我问她:“你是害怕吗?”女儿告诉我:“妈妈,我害怕,我担心眼睛里进水,我害怕在水里呼气。”我鼓励她说:“不要害怕,有泳镜保护你啊,你的眼睛里是不会进水的,你可以试着深吸一口气,把头伸进水里,慢慢地吐泡泡。”

第二天,她又勇敢地尝试了一下,这次,她可以在水里短暂地吐气。课后,我表扬了她,告诉她只要勇于尝试,坚持下去,她就会取得成功。就这样,她又上了几节课。最后的几节课上,教练要求把浮板都拿走,她又开始胆怯了。有一天,我们准备去上游泳课的时候,她死活不肯出门,嘴里不停地嚷着:“我不要去上游泳课了,我不要去了。"孩子的爷爷奶奶看到她哭成这样,就大声对我说:"她不想去就不去了,哭成这样怎么去上课,干脆别去了。"对于祖辈来说,孙女哭成这样他们肯定心疼,看我这么坚持,对我很生气。但我坚持让她去,我把她拖出了门。在车上,我们面对面谁也不说话,她还是哭得很伤心。渐渐地,她不哭了,抽噎着喊我:"妈妈。"我帮她把眼泪擦了,然后对她说:"孩子,游泳是不是你自己要学的?"她对我点了点头,然后我又对她说:"妈妈是不是告诉过你,任何事情如果是自己要学的,就要坚持下去,再难再累都要坚持下去。今天你放弃了,如果有一天你不小心掉水里了,妈妈也不会游泳,你该怎么办,如果你会游泳,你就可以自己游到妈妈身边。"她对着我点了点头,似乎明白了什么。这节课,女儿学得特别认真。

下课后,她对我说:"妈妈,我要勇敢,我自己要学的,我就要坚持学好,对不对?"我对她点了点头,并抱着她鼓励她。之后的课,她学得很认真,在上最后一节课的时候,她学会了蛙泳。在女儿上大班的那个暑假,我们去学了自由泳。现在她最喜欢的运动就是游泳,每周都会坚持去游泳。

其实,不管是孩子还是大人,学习新技能时都会遇到困难,我们要勇敢地去面对,做事情要有不怕挫折、不怕失败的勇气,才能获得成功。我们坚持去做,才能做得更好。在孩子无理取闹或者哭天喊地的时候,家长千万不要心软,你的一次心软,就是一次放纵,对孩子来说就是一次损失。兴趣是最好的老师,但孩子的勇敢与坚持才是最好的途径。

(松江区佘山学校　杨子涵家长刘志清)

温柔而坚定地爱孩子

我的孩子像一个太阳,一如我们给她取的名字一样,活泼善良,散发着她独属的热量,给我们带来了别样的温暖。我无法形容也不知如何灌溉她,即使我的本职工作是一名园丁,依旧无法在引导她的时候保持从容。孩子是独立的个体,她因我们的爱降临到这个世界,也应在我们的爱中成长。思索良久,我把这份爱定义为温柔而坚定。

她是一个活泼的孩子,带着孩子特有的好奇给我们的日常生活带来了很多惊喜与烦恼。美丽、可爱的事物隔着玻璃窗放在贴着售价的橱柜中,它们吸引着过往的每一个孩子,我的孩子也不例外,哪怕在不久之前她已经拥有相似的玩具。孩子被深深吸引了,她向我索求。这是一件再平常不过的事情了,这样的事情每一天、每一刻都在各处发生。

在孩子稚嫩的眼中,也许这个新的可爱的玩具有着特殊的定位,它们可以是保护家里其他玩具伙伴的士兵,也可以是夜晚陪伴她的守卫。在孩子小小的世界里,她也许给每一个或新颖或平常的事物都赋予了意义与价值。我们是家长,但我们不能用成年人的思维去看待孩子。我们最终没有买下那个玩具,因为她把哭闹作为手段来达到她的目的,她把爱作为方式来换取爱她的人的怜惜。

孩子本身很难意识到自己的举动所带来的影响与后果,事实上很多时候,家长在忙碌了一天后,面对孩子的哭闹,如何应付孩子让他们听话才是首要任务。可我们是家长,是引导者,我们在培养一个个鲜活的有着独立思维的个体,他们未来会投身社会,为了让他们顺利成长,我们需要给他们建立正确的观念。

回到家后,她闷闷不乐了好一会儿,等她平静下来的时候,我告诉她:"当你伤害自己的时候,我们感到难过;当你哭闹的时候,我们同样很伤心。你想要新的玩具,我们愿意给你买,但不是用这种伤害彼此的方式,爸爸妈妈很爱你,希望你能快乐平安地长大。"她抱住我,用软糯的声音在我耳边一遍又一遍地说:"妈妈,我爱您。妈妈,我爱您。"孩子对大人的情绪是多么敏感啊,她能感知我们对她的爱,也会用她自己的方式去回应我们的爱。爱从来不是单向的,爱是互相给予,我们在爱着孩子的同时,也被孩子深爱。

　　她在一天天地长大,不知不觉中繁重的学习与考试已经是家常便饭,敏感、紧张、焦虑时不时出现在她的学习生涯和日常生活中。成绩好的时候,她会因为我们的自豪与对她的期待产生压力;成绩有波动的时候,我们虽然没有责备她,她自己也会产生危机感与紧迫感。学业评价使孩子的神经紧绷,也使我们的神经紧绷。

　　在很长一段时间里,我们都非常关注她的学业,直到有一天深夜,静得仿佛只剩下了她的笔在纸上摩擦的声音。我忍着困倦陪她完成繁重的课业,望着她奋笔疾书的样子出神,直到那一声"妈妈",我才意识到自己睡着了。她稚嫩的眼睛带着担忧望着我:"妈妈,你要不在床上躺一会儿吧,我快做完了,做完了再叫你。"再没有哪一刻比那一刻更能让我清楚地意识到,我的小天使长大了。

　　她正在我们看不到的地方悄悄蜕变,困难和压力让她成长。作为她的守护者,我们需要做的不是为她掌舵,不是给她指点未来,而是做她坚实的后盾,陪伴在她左右。她的人生终将由她自己书写,而我们要做的就是把我们的爱化作养分去灌溉她、温暖她,引导她走向她自己的人生。

（松江区岳阳小学　单依宸家长周燕）

穷养富养不如爱养

俗话说得好,"穷养儿子富养女"。章国轩这个儿子应该怎么养呢?

我们是新上海人。2006年12月,儿子在松江区妇幼保健院出生了,我们夫妻双方的父母都已苍老,在没有人帮忙的情况下,我们决定自己带孩子。于是,我们买了各类育儿书,照着书本养,我们心目中的孩子是健康、活泼、可爱的。靠着信念,我们满怀期待地陪伴孩子成长,也真的得偿所愿。

到了三岁,孩子该上幼儿园了。这个阶段是孩子思想的形成阶段,我们在各类教育名家博大精深的教育理念熏陶下,秉持快乐教育的原则,希望孩子在衣食无忧的环境中快乐地玩着长大! 不过,就我自己的成长经历来看,我还是学着父母的样子在老家山上的竹林里做了数把竹叶鞭子带到了上海。在孩子三岁时,有一天他摸到了医药备用箱,把里面的各种药片取出来散落一地地玩,我又急又气,在确定他没有吞服药片后让他伸出小手,我拿出竹叶鞭子在他的两只小手上各抽打了三下。打了又心疼,我一边流着泪一边告诉孩子什么东西是不能吃的,什么地方是不能碰的,什么样的情况下是不能玩的。这一天我们立了规矩,让孩子明白危险的存在,并且明白做错了事是会受到惩罚的! 之后,孩子既快乐无忧,又行为得度,是幼儿园及小学"好孩子"的典范。

每一个孩子都是上天派来的天使,携带着十八般武艺来到我们的身边,我本着笨鸟先飞的原则帮孩子发现他自身的本领。从孩子上幼儿园开始,我们就让孩子接触画画、唱歌、跳舞、跆拳道、珠心算、钢琴、象棋、围棋、游泳、羽毛球等,广泛培养孩子的兴趣爱好。我们夫妻俩分工陪伴孩子学习,在与孩子一起上课、一起训练的过程中,帮助孩子取舍兴趣课。因为一个人的精力是有限的,不可能样样精通,我们并没有要求孩子一定要把兴趣变为特长或当作未来的职业,只是本着陶冶情操扫盲无知的态度,让孩子尝试各项活动,丰富孩子的见识。在大浪淘沙之后,孩子选择了钢琴和书法作为终身必修课,我们平时在家里一起下象棋、围棋,周末一起去打羽毛球、游泳,假期一起去游览祖国的大好河山。一家人在一起,快乐本就如此简单。在这个成长的重要阶段,我们既让孩子感受到了家庭的温馨,又加强了孩子内在的修炼,让孩子始终充满正能量。

　　我的父亲是军人,从小我就明白每个人对祖国、对社会都有自己应尽的一份责任,在和平年代,舍得付出、济弱扶贫便是每个人的本责。在各种志愿服务活动中,只要条件允许,我们都带着孩子一起参加,让他明白付出和帮助别人是快乐的,让他明白学会更多的本领才能帮助更多的人。

　　对孩子进行理论的说教不如家长以身作则,让孩子做力所能及的事情,学会担当是家长的重要任务。

　　每一个家庭的相处模式各不相同,但幸福的家庭是相似的。在我的家庭中,我们和孩子的相处是融洽的,我们之间是朋友的关系,孩子是我们的天使,他带给了我们无尽的幸福和快乐,感谢孩子!

　　爱是陪伴,是责任,是担当,是引导,而不是溺爱和大包大揽。老一辈人的家教谚语"爱子要爱骨不爱皮"深入我心,引导着我们和孩子共同成长,也无时无刻不在助力我们实现天下所有父母最大的心愿:让孩子的羽翼更加丰满,飞得更高,飞得更远!

(松江区立达中学　章国轩家长黄华英)

贫富论

我难得有机会在周五下午顺道去学校接上二年级的大宝。

大宝刚上车坐稳,就开始发问:"妈妈,小小家的车是×××品牌的,文文家的车是×××品牌的,小明家的车是×××品牌的,他们都说他们家的车是豪车!那么,我们家的车是什么品牌的?"我的确在育儿文章里看到过针对这个问题的相关讨论,但我没想到自己这么快就要面对这个问题。我想了想,没有直接回答,而是问大宝:"你最喜欢的菜是什么啊?""番茄炒蛋。妈妈,你怎么忽然问我这个问题啊,我们家的车到底是什么品牌的啊?"大宝有点不耐烦了!"那么,小小、文文、小明最喜欢的菜是什么呢?""小小可能喜欢排骨,文文喜欢西兰花,小明我不清楚,我下次问问他。""大宝,小小的妈妈可能喜欢×××品牌的车,文文的妈妈喜欢×××品牌的车,小明的妈妈喜欢×××品牌的车,而我喜欢吉普车。""哦,原来我们家是吉普车啊!原来妈妈喜欢吉普车啊!""是啊,每个人喜欢的东西都有可能是不一样的,自己喜欢的才是自己最爱的,就像你最爱妈妈一样!""是的,我最爱的是妈妈,妈妈最爱大宝、二宝、爸爸,还有吉普车!""不对哦,妈妈最爱的是大宝、二宝、爸爸,吉普车虽然也是妈妈喜欢的,但它只是我们家的交通工具!""嗯,妈妈,我明白了!我最爱的是妈妈,番茄炒蛋只是我喜欢的食物而已!妈妈,我爱你!""妈妈也爱你!"

晚上吃饭时,大宝和二宝都非常喜欢那盘鸡肉,比赛看谁吃得多。二宝一边往嘴巴里塞鸡肉,一边对着我说:"妈妈,我们家是不是很有钱啊?"我很诧异二宝为什么会突然问这个问题,我一边给她和大宝夹鸡肉,一边问她:"你觉得呢?"二宝一边手舞足蹈,一边得意扬扬地说:"我觉得我们家很有钱!你看,我们家有这么多吃的、喝的。我们有这么多好吃的鸡肉,冰箱里还有好多鸭肉呢!"我顿时明白了,因为受疫情影响,我在家里多储存了一些牛奶、罐装食品、零食、水,春节期间,孩子的外公外婆还给我们送来了他们自己养的鸡蛋、大米等物资,在二宝眼里,这些皆是富裕的象征。"二宝,你之前给我们开办过病毒防护小课堂,你应该知道,疫情期间,我们不能频繁外出,所以妈妈会多储备一些食物和生活用品在家里,不光是我们家,你们幼儿园小朋友的家里也和我们家一样,储存了很多的东西呢!""哦,妈妈,原来我同学家和我们家一样啊!"我明显感觉到二宝有点失望!"对啊!大家本来就是一样的!""妈妈,冰箱里的鸡蛋、大米都是外公外婆给我们带过来的,他们在乡下是不是'窝囊废'啊?"我理解二宝的意思,她其实是想表达外公外婆很贫穷。还没等我回答,大宝急忙脱口而出:"外公外婆家有鸡、鸭、鹅,有鸡蛋、鸭蛋,还有其他的动物。外公外婆家应该有一个 farm,farm 是农场的意思,有农场就代表很有钱!我们英语老师上课的时候教过我们,farmer 是农民,外公外婆是有钱的农民!""外公外婆是有钱人吗?"二宝紧随其后问道。"二宝,妈妈理解你想表达的意思,但你不能用'窝囊废'这个词语,你可以说外公外婆勤劳朴实或者辛勤劳作,窝囊废是指怯懦无能、甘受屈辱的人,或者没本事、胆小的人。外公外婆那么爱你,他们是窝囊废吗?""不是,外公外婆很爱我,给我带鸡肉、鸭肉,还有鸡蛋和鸭蛋,我很爱外公外婆!""嗯!很棒!"我给二宝竖起了大拇指。"大宝,farm 是农场的意思,farmer 是农民的意思,你的英语学得很棒!但外公外婆养鸡、鸭、鹅和种植粮食的地方不叫农场,而是称为自留地,这些土地上产出的东西仅仅够他们自己和我们家食用而已,不是大面积的饲养和种植,也没有提供给别人。外公外婆爱你们,所以才会拿来跟我们分享。""是呀是呀,所以外公外婆带来的鸡、鸭、鹅和大米,我们也要跟爷爷奶奶一起分享!"二宝抢着说。"哦,妈妈,我还是不能明白,外公外婆家的为什么不是农场!但是,我知道外公外婆很爱我们,他们给我们带了很多食物!"大宝说道。"对,外公外婆的确很爱我们。以后爸爸妈妈会带着你们一起去外公外婆家,看看他们养的鸡、鸭、鹅和他们的自留地!""好呀!"大宝和二宝一起拍手,一起朝着爷爷奶奶的方向说:"爷爷奶奶,以后,我们一起去外公外婆家玩!"

　　愉悦的心情,伴着外公外婆家的鸡肉,每个人又吃了满满的一碗米饭、半碗汤……

(松江区新闵学校　朱君颐家长金梅)

赏识教育，给孩子足够的自信

——我的育儿心得

我是双胞胎男孩的母亲，和大家一样，在教育孩子的过程中，我有一些好的经验，也有许多困惑。因为本身比较喜欢孩子，我平时比较关注幼儿方面的知识。幸运的是，我还遇到了很多爱孩子、懂孩子的朋友，大家一起学习。我知道孩子开始说"不""不要"，代表着孩子的自我意识在发展；我知道孩子喜欢把动物玩具整齐地排好，是因为他们内在有着秩序感；我知道孩子在专心做一件事情时被我突然打扰后持续伤心地大哭，是因为他们有着自己的节奏……我知道原来大家常常说的孩子越来越难带，其实是因为孩子在发展、在进步，而我们却停在原地。

我觉得最值得交流的是对孩子的赏识教育。孩子小时候兴趣越广泛，他的求知范围就越大，各方面的知识经验就越多，智力发展的前景就越广阔。课外阅读对孩子来说尤为重要，从我们家两个孩子 2 岁左右起，我就有意识地培养他们阅读的习惯，我觉得这样不仅能提升他们的专注力、语言能力，还能培养他们的耐心。记得那时，我经常在睡前为他们读几本绘本，我读得声情并茂，他们听得津津有味。这也渐渐养成了他们爱阅读的习惯，直到今天，孩子对听故事都保持着浓厚的兴趣。

等孩子上了大班，我就开始有意识地教他们认字。我买回来识字书，尝试了指读、跟读等方法，慢慢地，我找到了对这个年龄段孩子有效的认字方法。每天晚上，我会用认字卡教孩子认读几个字。一年下来，孩子认识了常用的 1500 个字。我也有了成就感。有了一定的识字量，为一年级的学习做好了准备，孩子就能比较轻松地读题。这也为孩子的自主阅读打下了基础。我一直坚信"啃书"才是王道！每每看到两个孩子坐在那里安安静静看书的身影，我都会欣慰地说："你们看得这么认真，真棒！你们现在都认识这么多字啦，真了不起！"我相信，孩子只要肯努力，一定会有收获！

时间飞快，如今两个孩子已经是小学生了。我还记得他们第一次去学校体验小学生活，背着书包，满怀憧憬走进校门的场景。看着他们欢快的背影，我心里有些不舍，又有些感动，生命如此奇妙。

　　记得在一篇文章中看到过这样的话语：当你有了天才的感觉，你会成为天才；当你有了英雄的感觉，你会成为英雄；孩子找到了好孩子的感觉，就会成为好孩子。孩子在不断向上的感觉中提升，才会越走越稳。家长应该利用一切机会赏识鼓励孩子，给孩子足够的自信，不断激发孩子的好奇心和求知欲，培养孩子的兴趣爱好，为孩子创造快乐而又充实的童年生活。

（上海工程技术大学附属松江泗泾实验学校　翁涵逸家长洪敏）

每一次犯错,都是一次成长的机会

——记生活中的一件小事

孩子上小学已经一年半了。回顾这一年半的时间,我发现孩子的变化是极大的。其中有两件事让我印象深刻。

刚上一年级的时候,孩子学习跳绳,手脚不协调,怎么都学不会,不是手晃早了,就是脚跳早了,连着几天,都没有任何进展。我跟孩子爸爸看着都着急,轮番上阵,指导也好,亲自演示也好,把我们俩累得够呛,但收效甚微。当我们快放弃的时候,孩子突然可以跳上两个了! 这让我们很惊喜! 我们看到了希望! 我对孩子说:"宝贝,你已经跳上两个了,这是一个很大的突破。你的进步是巨大的! 只要你勤加练习,一定能跳好!"接下来,孩子真的势如破竹,从 2 个变成 10 个,再到 100 个,跳绳个数呈现爆发式增长的趋势。

孩子从"不会跳"到"跳得贼起劲",晚上跟着我们去散步时都会跟在后面一直跳,跳得满头大汗。结果可想而知,孩子跳得越来越好了。

孩子在成长,在出现问题和解决问题中一步步成长,渐渐学到了更多的东西。吃一堑长一智,在孩子的身上体现得淋漓尽致! 每一次犯错,都是孩子不可多得的成长机会。

作业是孩子自己的任务,需要他自己完成。家长可以辅导,但是坚决不能代劳。从孩子上一年级开始,他写作业时我是坚持不坐在旁边陪写的,但他有问题时可以问我。

记得有一天他来问我:"妈妈,这个'探'字该怎么组词?"我说:"宝贝,你可以查字典,如果你不会查的话,妈妈可以教你一下,或者,你可以回忆一下在语文书上的什么地方用到了这个字,在生活中这个'探'字出现在哪儿。"他想了一下,就自己去完成了。

过了一会儿,他又跑来问我数学题,我说:"来,请你把题目念一下。"题目刚念完,他就说:"妈妈,我会了。"过了一会儿,他又来问,我让他反复念了两遍题目,他还是不会。"来,妈妈教你一下,你看,这句话里面×××是关键词,看到这个关键词,你应该能想到某个知识点。"孩子立刻回答:"我想起来了!"我已经做好心理准备,如果孩子实在不会,我会把相关知识点帮他梳理一下,掌握了知识点,基本功打牢了,孩子做题就不再感到困难了!

在慢慢地引导和锻炼下,现如今,孩子已经能独立完成作业了,当然,他偶尔也需要帮助。

作业中错误的地方体现的是孩子的薄弱点,家长重点指导一下,帮助孩子查漏补缺,有助于孩子取得进步。告诉孩子答案真的很容易、很省事,但作为家长,我的希望远不止于让孩子把今天的作业完成,我希望他能掌握解决问题的办法,自己解决问题。作为家长,帮助孩子掌握解决问题的办法才是正道!

在辅导孩子的过程中,我经常采用一问一答的方式。在这个过程中,孩子有自己的思考,继而眼光放长远地去分析问题,解决问题!

困难到哪儿都有,我想让孩子学会分解问题,抽丝剥茧,再大的问题都是由一个个小问题组成的!

我常常在想:当我们用挑剔的眼光去看待孩子,认为他这也做不好,那也做不好时,我们是用什么在衡量孩子,大概率是用我们自身的水平。对于孩子来说,这是不公平的。用成人的标准来衡量孩子,这是不科学的,也违背了孩子的成长规律。

还有一个问题"别的孩子能做到,自己的孩子为什么不能做到",我想了很久,个体是有差异的,自己的孩子并非一定要做到,孩子自身的进步成长更为重要。

遇到困难,怎样克服才是重点,家长在孩子身边,应该是助力,而非阻力。

家长要思量着怎样增加孩子内心的力量,有建设性地鼓励孩子,最终需要克服困难的是孩子自己。

某天,从小对洗头有害怕情绪的儿子突然跟我说:"妈妈,我想尝试一下自己洗头。"我呆了一下,然后让他洗了,他又进步了。他变得勇敢了,愿意尝试自己曾经害怕的事物,敢于迈出这一步,就是很大的进步!

发现的眼睛,

相信的力量,

生活总是要孩子自己去面对,

用不同的心态,

从不同的角度看问题,

成就不同的孩子。

(松江区九亭第五小学　张嘉逸家长张燕)

孩子,你得先学会坚持

在孩子出生前,每一个家长大概都会对孩子的未来有着或多或少的设想、期许和展望,如同随风飘舞的水泡泡,色彩斑斓,充满着欢乐、骄傲和希望……

孩子日渐长大,从他们入校门开始,担心与失落、不解与委屈、冲突与焦急、爱与恨,往往会成为很多家庭难以回避的现实。如同我,爱越多,恨越多,生了一肚子的气,发过满腔的火,苦口婆心地教育孩子,有时也产生不了特别好的效果。或许为人父母的心思大同小异,除了关注孩子的学习成绩,还希望孩子有一个更美好的未来。而我更担心的则是孩子知难而退或踟蹰不前,于不思进取中蹉跎了岁月。

孩子上了二年级,文化课的学习量逐渐增加,课余,孩子还参加了足球训练班,每周三天的课后训练,每次课约一个半小时的运动强度。寒风瑟瑟中,孩子出校门已是暮色沉沉,到家他早已身体疲惫,可还有未完成的课后作业等着呢……两周一过,孩子多少是有些消极了。隔着围墙,看着孩子那出工不出力、漫不经心的表现,我忍不住生气。孩子自是很委屈,我也很自责,但我一后退妥协,孩子自然会认为我默许了他的想法和做法,可以继续敷衍了之。在我严厉地训斥后,孩子低头不语,我心中也有不舍,又把孩子带到他最中意的餐厅,边吃饭边跟他聊起了当年的一个故事。

以前,有一个小男孩,长得跟你很像。当然,他比你矮多了,还面黄肌瘦,体弱多病。后来,他上小学了,学校离家有三里地,那时候,孩子都是自己背着书包,踩着田埂来回上下学。小男孩的家境不好,父母没有为他交午餐费用,也没有精力每天为他准备午餐,所以几乎每天中午,他都不得不回家吃饭。一到冬天,刮起北风,迎着寒风实在是太刺冷了,他只能迈开腿跑,可他身体瘦小,弱不禁风,跑几步就气喘吁吁,跑几十米就上气接不了下气,他停停歇歇,但仍在坚持往前跑……然而,慢慢地,他发现自己的腿没那么沉了,胸口没那么痛了,脑袋也没那么晕了,下午的课也赶得上了……后来,他的脚步越来越轻快,跑完三里地也不用停歇,甚至只用了 20 多分钟;再后来,他在跑步比赛中总能赢过别人。最令人惊喜的是,从此以后,他再也没有生过病……

"那个小男孩就是你吧?"孩子兴冲冲地问道。

"是不是我并不重要！但这个真实的故事告诉我们:一个人只要能坚持,困难和痛楚,远没有想象中那么大;一个人只要不轻言放弃,办法总会比问题多。爸爸不要求你做好每一件事,但如果你一碰到困难和问题就想着消极逃避,那你就不可能做好任何一件事。"

孩子似乎懂了,也渐渐明白了其中的道理。在后来的日子里,他几乎一课不落认真地完成了日常训练课程,同时也保证了文化课的学习质量,而我也根据实际情况,不断调整教育方式。

孩子成长的过程也是家长学习和反思的过程。社会在快速地变迁,人类面临的环境更加纷繁复杂,但我相信,总有一些东西是永恒不变的,始终有着超越性的价值。家长将现实生活中的焦虑和压力过多转嫁至对孩子学业的期许上,或许并不恰当,对孩子来说也不公平。很多时候,家长早早替孩子做了过多功利性的选择,不经意间忘了孩子成长道路上所应具备的那些基本品格和技能,比如,勇敢的心、坚忍的精神、强健的体格、本性的真诚和友善、对他人的尊重、学会做饭……这些都是人的一生所不可或缺的。

(东华大学附属实验学校　倪德凯家长蒋欢花)

专题十

心理支持

控制家长的控制欲

某天,我在和嘟嘟乘地铁的途中,偶遇了一个妈妈和一个胖乎乎的小男孩。

小男孩说:"妈妈,我今天想骑自行车,不想去公园踢球,可以吗?"

妈妈说:"不行,今天太阳这么好,去公园踢球多好,还可以认识很多朋友。"

小男孩说:"可是,我今天想骑……"

妈妈打断小男孩的话:"我说不行就不行,明天骑车,要么回家,什么都不要做。"

小男孩不说话,满眼的失落……

看到这一幕,我内心一紧,突然想到了嘟嘟三岁时,发生的一件关于吃芒果的事。

嘟嘟非常喜欢吃芒果。有一次出门,嘟嘟提出想买芒果,于是我们买了三个大大的芒果。

到家后,我挑了一个最大的芒果清洗,然后用刀切开,按照我自己觉得最正确的方式把芒果切成两半,去核,并把芒果分成很多田字块状。我心里美滋滋地想着:"嘟嘟一会儿就可以便捷地吃到美味的芒果肉了,他该有多开心。"

想到这里,我一边整理切好的芒果,一边叫嘟嘟来吃。嘟嘟快速地从卧室跑出来,但是戏剧性的一幕发生了。嘟嘟看到我手里拿着的芒果,不仅没有表现出我想象中的欣喜,还急得哭了出来,大声问我:"芒果怎么变成这样了? 我不要吃这样的芒果。"我当时感觉很诧异:"什么叫'不要吃这样的芒果',难道还有比这更合理的吃法?"

预设和现实的差异有点大,我的心中迅速燃起了一把火——我那么为你着想,为了让你能够便捷地吃到芒果,我什么都给你准备好了,你就应该好好地接受一切,尽情享用。我大吼:"不这么吃怎么吃? 这样不是能够最大程度地吃到芒果肉吗?"

嘟嘟根本听不进去我的任何话,一个劲儿地表达自己的想法:"我要整个拿在手里,剥开皮一口一口地咬着吃。"

听到他这样的想法,我在理智层面觉得他这样想没有问题,但还是用一个成人的权威告诉他："去洗手,洗完出来把切好的芒果吃掉。"我一边说一边把剩下的两个芒果用袋子装起来,放在一个以嘟嘟的身高够不着的地方。我用种种行为来告诉他,他必须听我的,否则他就别想得到想要的东西。嘟嘟越哭越厉害,哽咽地说:"我不要这样吃,我就想整个拿在手里,剥开皮一口一口地咬着吃。"

我对他的哭诉视而不见,直截了当地告诉他:"要么你就洗手吃切好的,要么你就别吃了。"

此刻,嘟嘟一边哭一边走向洗手间去洗手,可是,他的嘴里一直在念叨:"我不要吃这样的芒果,我要整个拿在手里,剥开皮一口一口地咬着吃。"在嘟嘟洗手的时间里,我冷静了一些,不禁开始反思:"我刚刚都做了什么? 我为什么要这么强势地对待孩子? 他这个要求过分吗? 怎么吃真的那么重要吗? 或许是我自己的控制欲在作祟。"

想到这里,嘟嘟已经从洗手间出来了。我犹豫着,拿了一整个芒果给他,只见他很满足地拿着芒果,去水龙头下边冲洗,洗好后,两只手捧着芒果,像是捧着一颗无比珍贵的珍珠。看了好一会儿,他终于破涕为笑,很认真地开始剥皮,一口一口满足地把芒果吃完!

我忽然明白:孩子手里拿着的或许不是芒果,而是坚持自己的想法后获得的战利品;又或许是他作为一个独立的个体,为自己争取到的可以按照自己的意愿去实践的权利。

我想到之前的自己是多么的可怕,整个过程中,我的控制欲在作祟,我希望他完全按照我制定的规则做事。就像很多家长希望孩子按照自己的意愿去生活,觉得那才是最好的、不走弯路的人生。很多时候,我们试图通过控制孩子来缓解自身的焦虑,最后把孩子养成一个毫无主见、没有担当的人,我们还反过头来怪孩子。这真的是孩子的错吗?

孩子是独立的个体,抛开家长权威的面子,控制家长的控制欲,孩子才能更自由地生长!

(松江区洞泾学校 陈志远家长厉美红)

"算计"孩子

—— 培养孩子的兴趣和乐观向上的品质

在这个科技飞速发展、知识快速迭代的时代,线上、线下教育方式层出不穷,父母忙于工作,爷爷奶奶跟不上节奏,孩子的教育好像越来越让家长手足无措。怎样才能让孩子在学习生活中养成积极向上、勇敢好学、诚实善良的好习惯呢?在这里,我想分享我家孩子的几个成长故事,希望能够给大家带来一些启发或帮助。

有一天,孩子饶有兴趣地读完一本历史书,兴奋地跑过来问我:"爸爸,你知道中国的第一个皇帝是谁吗?"我不假思索地回答:"我知道呀,是秦始皇。"孩子很失落,他觉得不好玩,因为他的重大发现被爸爸一句带过了,他生气地丢下那本书。又有一天,他读完了《恐龙大百科》,拿着图片来考我:"爸爸,这是什么恐龙?"我顿时哑然,因为我根本不认识! 这就成了他炫耀的资本,他更加喜欢这本书了,甚至连不同恐龙的名字、生长年代、体格特征都倒背如流。

我在家里教孩子练书法,可是他写得总不及我写得好,我越严格要求他,他进步越慢,他也越来越反感写字。后来,我在想是不是自己应该写得丑一些。孩子在外面学琴,一开始,回家后总是很有兴趣地要教我们弹上一段,孩子的琴技进步很快。一段时间后,我们以忙于工作、家务为由,不愿意再听他"教学",再后来,我发现他对钢琴的兴趣大不如前了。

我家孩子不聪明,也不勤奋,每天放学到家丢下书包便夺门而出,"玩"才是他最重要的事。他也很少主动去完成课后作业,我们把道理讲了近千遍,却收效甚微。后来,我安排他当班级"小记者",给他制作了一份表格,要求他每天采访1至2位同学。采访前一天,我会问他准备采访的对象在学校的学习表现。采访的内容主要是:放学后有没有主动做作业;除了做作业,还参加了什么活动;有没有上兴趣班、培训班。两周采访下来,我和他一起整理、归纳、分析采访笔记。我们发现,在校学习表现好的同学往往都能自己主动完成作业,并参加了丰富且有意义的课外活动。他领会了这个道理,渐渐地,养成了好习惯,分得清主次了。

我家孩子胆小、内向,不敢跟陌生人说话,很难较快融入其他小朋友的游戏或圈子。为了让他不疏远别人，也不被别人疏远，有一段时间，我经常不分场合地跟他扮丑，他觉得很好笑。然后，他也来扮丑，周围的人都笑了。我告诉他，扮丑并不是为了取悦别人，而是为了缓解尴尬、拉近距离、促进交流。

孩子生活中还有很多琐碎的小事，很容易被大人忽视。其实，我们稍微留心，稍作思考，就会发现孩子更多的心思。每个孩子都有"十万个为什么"，也许在大人看来，很多问题都是无趣的、无意义的，但都不会是无缘无故的。

在和孩子的日常相处中，我也在不断反思：我不假思索地回答他"秦始皇"，打击了他学历史的信心，我对恐龙的无知激发了他对动物的兴趣；学书法时，我以自己的标准要求孩子，显然是急于求成，影响了他对书法的热情；我以忙碌为由没有继续耐心听他教我弹琴，降低了他对弹琴的兴趣。兴趣是最好的老师，就让我们用心挽留住这位老师吧！我也庆幸教会他去观察别人，向别人学习，让他不再内向、害羞。

除了培养孩子健康的兴趣爱好和积极向上的品德，我想教给他的东西还有很多很多，比如，怎么管理好时间，怎么做到自律，怎么控制自己的情绪。就让我们多一些耐心，多一些陪伴，多一些鼓励，多一些"算计"，跟孩子一起成长吧！

（松江区教育学院附属实验学校　姚景腾家长姚博）

一次争吵后的感悟

一天晚上，因为孩子的字迹潦草，我大发雷霆。盛怒之下，我直接把他那页"杰作"撕了。孩子很不满，嘴里小声嘀咕着什么，我听不清，便让他有什么话直接说出来。我要求几次后，孩子说了。结果，我们俩大吵了一架。

争吵的焦点，还是在他的字上。他觉得这些字还行，又不是练字，不需要有笔锋。我认为他练字的最终目的是日常写字好看。我觉得他这次写的字退步了，而他认为我不能因为他之前写过受表扬的字，就要求他每次都写得那么好。反正无论我怎么说，他都能怼回来，把我气得血压飙升。结果，孩子还慢悠悠地来了一句："是你一定要让我说的，我说了，结果你更生气了，那你为什么还要让我说？"

对啊，我让他开口时，是张开双臂，接受他的感受、想法和观点，还是握紧拳头，等着抓他的言语漏洞全力出击呢？冷静下来，我便不再多言，只是静静地听他说。

原来，他早就意识到自己这次写的字不好，也准备好重新写了，只是我不断地批评教育让他觉得烦，让他原本的内疚变成了争吵时的胜负欲。想来也是，如果我今天炒菜时不小心多放了盐，而我的家人不停地在旁边指责我，甚至把我炒的菜倒进了垃圾桶，我会是怎样的感受。

之后，孩子又告诉我，他的不满源于我的"撕"。他向我讲述了两年前的一件事。那时他才刚上三年级，因为他课本上的笔记写得不太工整，我便把他的课本撕了。当时，我觉得家里还准备了一本课本，所以撕了这本没关系，却没想到，给孩子带来了很大的伤害。他因为不想让老师和同学知道他的课本被我撕了，所以一直偷偷摸摸地使用那本备用课本，甚至某一天还被老师误会，以为他上课走神……他淡然地和我讲述着，我的内心早已是汹涌澎湃。

"你以前怎么没和我说过这件事？"我问他。

"没什么好说的，已经这样了。说了，可能你还会觉得我活该，谁叫我字写得丑。"他没有看我，低着头淡淡地说道。

这般委屈，他一个孩子藏在心里两年，一声不吭，看似成熟乖巧，映射的却是我的失败。我庆幸能有这样一次争吵，让孩子发出他的声音，让我能听见他的声音,同时让我警醒。

如何听,孩子才会说? 家长一定要真诚地倾听孩子的想法,而不是把"你有什么想法就直接说"挂在嘴边,放在表面。一些家长之所以会下意识地不认同孩子的想法和观点,是因为他们主观认为自己一定是对的,而孩子是错的。再加上传统观念作祟,他们觉得孩子不应该和家长争辩。他们虽然张开了耳朵,但并未开放内心,这种虚伪的倾听,孩子是能感受到的。慢慢地,孩子就"没什么好说的"了。

如何说,孩子才会听? 家长总以为孩子不懂,所以喜欢说教,但其实那些大道理,孩子都懂。家长只有认真倾听,才能明白孩子真正需要的东西。而家长适当的闭嘴,能够给孩子更多思考和反省的空间,让他们自己去感悟,去解决问题。

有时候,家长以爱为名,以负责为由,给孩子附加了太多自以为合理的要求。近期,我听了朋友的一席话,很有感触。朋友是这样说的:"你的人生很成功吗? 如果不是,你有什么资格要求你的孩子按你的方式去学习和生活。你们其实是共同探讨、学习和进步的关系。"

家长应该站在孩子的角度,倾听孩子的声音,提供给孩子他们真正需要的引导。家长要俯下身躯,与孩子平视,少一些苛责,多一些帮助。

(松江区泗泾小学　余蔚然家长范璐)

陪孩子打败那些拦路虎

——我的智慧育儿故事

进入二年级后，学习难度有所提升，孩子学习上遇到的困难越来越多了。特别是完成有难度的数学作业时，孩子喊"妈妈，妈妈，我不会，你快来帮忙"的频率明显提升。

上一年级时，孩子很容易就能够把握题目要求，圈画1至2个关键词便可在较短的时间内获得正确答案。进入二年级后，孩子往往需要仔细阅读两三遍题目，圈画出多个关键词才能获得正确答案。面对这样的题目，她只是草草看了一眼，就说不会，急着喊我来帮忙，如果我不来帮忙，她就会趴在桌子上，显得非常无助、沮丧。

与老师沟通后，我了解到，这是一个普遍现象，孩子遇到难题不肯动脑筋，很多时候不肯去尝试，直接喊家长帮忙，对家长有很强的依赖性。作为家长，我们都希望孩子能够有不畏困难、永不放弃的精神，但是在很多时候，我们往往过于急躁与勤快。

记得之前在辅导孩子写作业的过程中，一旦发现孩子的错误或者问题，我马上就给她指出来。事实上，不是孩子不喜欢思考，而是家长太着急，急着让孩子学会正确的方法，获得正确的答案。就这样，孩子逐渐失去了思考的时间与空间，养成了依赖家长、不愿思考的习惯。

孩子的学习、人生路上会有层出不穷的拦路虎，作为家长，我们要做的不是帮孩子赶跑它们，而是陪孩子打败它们。

一是给时间，让孩子平复焦虑情绪。家长要接受孩子的情绪，给孩子一段时间。当孩子遇到难题，出现畏惧、退缩、恐慌的情绪时，家长不要急着给他们加油鼓劲，也不要急着给他们讲解题目，而应该给他们一段平复情绪的时间，让他们慢慢平复焦虑的心情。

二是讲道理，让孩子正视挫折。二年级的孩子已经能听懂一定的道理，家长要告诉他们一个人一生中遇到这样那样的挫折是很正常的事情，挫折并不等于绝境，在遭受挫折时，要学会及时调整心态，要学会克服困难，经受实践的考验。

三是巧帮助,让孩子探索巧妙的方法。在孩子遇到难题时,家长不要把正确答案直接告诉孩子,而是应该引导他们分析问题,借助各种巧妙的方法突破情绪障碍,攻破难点。家长要让孩子知道,家长、老师都是和他站在一起的,进而引导孩子不断去尝试。

四是多鼓励,让孩子提升学习信心。当孩子再次遇到挫折且能理智地控制自己的情绪时,家长要多肯定和鼓励孩子。家长要及时关心孩子,给他们必要的帮助,使孩子不会感到孤独无助。家长要尽量避免消极否定的评价,如"不要再浪费时间了,再试也没有用的""做不好就别做了""你怎么这么笨,别人早就做完了"等,这些话只会强化孩子的不自信和失败感。家长不妨采用一些积极肯定的评价,如"虽然你没有成功,但我要表扬你,因为你有勇气去尝试""你一定要相信自己,爸爸妈妈相信你能行"等。

孩子在成长的过程中,总会遇到各种各样的拦路虎,作为家长,我们应该尽最大的努力去关心孩子,引导孩子,陪伴孩子健康成长。

（上海对外经贸大学附属松江实验学校　宋卓尔家长王术）

用心听，用心做

—— 协作增效，打造更好的团队

"今天拔河比赛中，我们输给五（2）班了，又是亚军！为什么我们每次最后一场都会输呢？"

"都怪男生，他们每次都不听指挥，我们班的队员没有一起使劲儿，所以我们又输了！"

"我们的队形排得也不够好，队尾的队员轻易就被甩出去了，不稳！"

刚刚吃完晚饭，我在收拾碗筷，听到孩子坐在沙发上抱怨白天在学校里拔河比赛失利的事。孩子像往常一样，埋怨同学的不合作、不协调，导致了最终的失败。我洗完碗，对孩子说："走吧，我们去公园散散步吧！"

公园里，月色很清朗，星星不多，却格外醒目；灯光虽不耀眼，却足够指引我们俩前行的脚步。

我问："《雁群迁徙》这篇文章里，大雁为什么会选择成群结队地迁徙呢？"我们一起看过这篇文章，孩子很快给出了答案："整个雁群的飞行速度要比单只大雁的飞行速度快，因为一只大雁拍击翅膀时，会为后面的大雁制造上升气流。"

这是自然界中一个协作增效的好例子，我顺势讲了海伦·凯勒的名言："只身一人，我们能做的少而又少；并肩协作，我们能做的很多很多。"我们成年人在工作中也是一样，一个人的力量往往是有限的，但一个团队的力量却是无穷的，一个好的团队能创造出无限的可能！

我和孩子分享了我工作中的实例。在我们人力资源部策划一场活动时，我通常先要做好分工，让每个人负责不同的事项，在实施过程中遇到具体的问题时，我们会一起讨论，商量最佳的解决方案，以达到活动的目的。活动策划者要积极作为，主动承担责任。最后的决策是由团队负责人来做出的，相应地，团队负责人也要做好承担各种后果的准备。

这次拔河比赛也是一样，你们有一个团队指挥者，那么，所有的拔河队员就要听从团队指挥者的号令，大家心往一处想，劲儿往一处使，哪怕团队指挥者的号令是错误的，但在那一刻也必须先执行，这样才会有获胜的可能。否则，每个人都有自己的想法,都按照自己的想法来,那就是一盘散沙,无法达成既定的目标。

接着,孩子说:"我们五(5)班其实还是很棒的!吴同学是力量型选手,每次都主动站在队尾;张同学是运动健将,每次都会帮队员排好站位;那些没有上场的同学则会在场边用力喊'加油'!我们五(5)班啦啦队的声音是最响亮的!我们今年是亚军,明年肯定会更好的!"

我很欣慰:"哈哈,这就对了。你有集体荣誉感很好,出现问题,不能一味抱怨,而是要分析、解决问题。同时,你看到了每个同学身上的闪光点,把每个人放在最合适的位置上,知人善用,这才是最好的!"

少年时光,有太多美好的事物,每个孩子都是那么的纯净而磊落,平凡而又不普通!大家有感恩之心,有敬畏之心,何愁不胜利?

在我分享工作中的实例时,孩子总是听得很仔细。在孩子看来,我把她当成大人一样尊重,是她值得信任的朋友!公园是我们最好的沟通地点,每次散步的时候,孩子总能毫无保留地和我分享她心中的所思所想,并且在我的引导下,说出她自己的解决方法,我们一起讨论。

散文《目送》中写道:"我慢慢地、慢慢地了解到,所谓父母子女一场,只不过意味着,你和他的缘分就是今生今世不断地在目送他的背影渐行渐远。你站在小路的这一端,看着他逐渐消失在小路转弯的地方,而且,他用背影默默告诉你:不必追。"孩子,愿你们以梦为马,不负韶华,归来仍是少年。

(松江区教育学院附属实验学校　葛海霞家长晏子璟)

劳动最光荣

——最好的教育源于生活

妈妈：馨馨，你把家里打扫一下吧。

馨馨：妈妈，为什么又要让我劳动啊？家里不是有扫地机吗？

爸爸：馨馨，你把你的屋子收拾一下。

馨馨：爸爸，为什么又要让我劳动啊？奶奶会帮我收拾房间的。

妈妈：馨馨，快去把你的袜子洗掉。

馨馨：妈妈，为什么又要让我做啊？家里不是有洗衣机吗？

馨馨：爸爸，快来帮我检查一下作业。妈妈，帮我拿一下水吧，我要喝水。

上面的场景，大家是不是很熟悉呢？亲爱的同学，你们每天在家里会帮爸爸妈妈做家务吗？亲爱的家长，你们是否会主动放手，让孩子每天帮忙做一点家务呢？

孩子反问我："现在，人们的生活越来越便利，很多工作都由机器完成了，我们为什么还要劳动呢？"

我们都知道，很久很久以前，原始人和动物一样，四肢着地前进，他们没有聪明的大脑。后来，他们在无意间发现烤熟的东西比生的东西好吃，于是便开始钻木取火。他们取下树上的枝条，在石头上不断摩擦，再取下动物的皮毛等易燃品，把它们放在事先挖好的小洞里，反复尝试，就这样找到了火。慢慢地，人类通过不断地劳动，知道了火的作用，火能让食物变得更美味，还能让人取暖，更能赶走野兽。再后来，人们发现通过劳动，可以认识很多新鲜的事物，变得越来越聪明能干。所以，无论是在人工智能初步发展的今天还是科技更为发达的未来，劳动都能让人变得更聪明！

这是为什么呢？因为劳动的过程，是人带动大脑思考和进步的过程，大脑只有思考了，人才会变得更聪明。如果我们所有的工作都被机器或者人工智能代替了，我们不用劳动，不用思考，那么，我们的生活还有什么意义呢？我们是不是会在若干年后变回那个不聪明的低级动物，甚至最终被智能机器人取代了呢？所以，劳动不仅创造了财富，还创造了聪明的人类。

　　一首《劳动最光荣》的欢快童谣伴随着一代代的孩子长大。然而，孩子真的像歌里唱的那样愉快地劳动了吗？我想和大家分享一组数据：上海某知名大学录取的新生中，有 60% 以上的人不会自己挂蚊帐、更换被罩，许多大学生在入学前没有洗过一件衣服。某市对一所重点中学初一的学生做过一次调查，调查结果表明，从来没有洗过一件衣服的学生占 79%，不能煮好一锅白米饭的学生占 84%，不会和不敢使用电饭煲的学生占 67%。北京市的一个机构对某小学的一个班开展了调查，该班 44 名学生中，家长每天给孩子整理书包的占 59%，家长每天给孩子洗澡的占 52%，家长每天给孩子穿衣服的占 49%。再来看一组横向数据，据调查，美国小学生平均每天的劳动时间为 1.2 小时，韩国为 0.7 小时，法国为 0.6 小时，英国为 0.5 小时，而中国小学生平均每天的劳动时间只有 12 分钟。看了大、中、小学生的这些劳动"答卷"，我们不得不忧虑："劳动——这种人类生存的最基本素质，中华民族的优良品质，正遭到削弱与侵蚀。"很多孩子正在丧失基本的居家生活能力。

　　我在大学工作了十余年，每年新生报到之际，许多学生都在父母甚至全家的护驾下到达学校，长辈拎着行李把他们送到寝室，帮他们铺好床，挂好蚊帐，买好需要的生活用品……节假日，孩子便将脏衣服带回家，由父母代洗。

　　事实上，这是我们很多家庭的常态，很多孩子在家里不仅衣来伸手、饭来张口，甚至连作业也由家长包办，家长帮孩子抄题目、整理错题集，守着孩子做作业。许多家长望子成龙心切，对孩子只抓成绩，只管身体，忽视了对孩子的劳动教育。为了让孩子能考上大学，他们把本应让孩子自己做的事全部包揽下来，不让孩子参加任何劳动，心甘情愿地对孩子进行全方位的服务。亲爱的家长，你们是否想过，今天，你们可以为孩子包揽一切；明天，当孩子离开家这个港湾，他们还能独立生活、独立成长吗？亲爱的同学，你们是否想过，今天，爸爸妈妈可以帮你们做好一切；明天，当你们走进大学，走向社会的时候，你们能自己搞定基本的生活吗？

　　一个没有生活经验的孩子，单纯依靠做练习题所提高的分数必然是有限的。诺贝尔物理学奖的获得者朱棣文说过这样一段话："很难想象那些只会念书，连煎蛋、煮蛋都不会的孩子,会懂得怎么做实验。"他曾说:"动手做饭跟做物理实验一样,可以训练一个人的专注力和解决问题的能力。打开冰箱,拿冰箱中仅有的材料下厨,能做出一顿美味可口的饭菜,就是在有限的资源中求变、求好。这种经验和能力,对一个人在科学研究中解决所面临的瓶颈问题,进行科学的思考大有裨益。"

孩子亲自去做一件事和他看着别人做一件事,感受是不一样的。参加家庭劳动,让孩子更有责任感,更能体悟家长的辛苦和不易,更珍惜劳动成果。

伟大出自平凡,平凡造就伟大。很多时候,给我们最深感动的,正是那些最平凡的劳动者。疫情期间,武汉环卫工人李兰萍凌晨 4 点就起床工作,她说这点儿苦不算啥,"干干净净,大家才不生病";社区封锁时,快递小哥朱洪涛成为"流动的风景",每天骑行 60 多公里,他不仅送包裹,还当社区采购员,给老人买药,他说"只要我们还在跑,武汉就不会停下来"……他们充分说明了"劳动最光荣、劳动最崇高、劳动最伟大、劳动最美丽"。这样的劳动精神,让人拥有面对困难的勇气、冲破黑暗的力量,正是我们每个人都应该汲取的成长养分,也是我们的国家能够一次又一次穿越风雨的精神动力。

劳动是一门必修课,它承载着十分多元的教育功能。家庭是一个很好的课堂,它能营造温馨的学习氛围。最美的教育,源于生活。

亲爱的家长,如果您期望您的孩子有聪明好学的头脑,有自强不息的性格,有健壮的体格,请还给孩子劳动的权利,成就孩子一双勤劳的手,成就孩子美好的未来。

亲爱的同学,如果你们想将来自立于社会、过上幸福美好的生活,请每天在家里帮家长做一件家务,在学校积极参与校内劳动和实践活动,从小养成热爱劳动的好习惯,勤动手、勤动脑,在快乐的劳动中不断成长,成就自己的美好人生!

(上海外国语大学松江外国语学校 唐予馨家长田力娜)

勇敢表达，独立自主

　　每个孩子未来都会成长为一个有独立人格的人，需要勇敢地去面对自己的人生，在分岔路口做出自己的选择。每个孩子都是一块璞玉，家长的言传与身教便是刻刀，一点点帮助他们塑造自我。作为家长，我们在给予孩子物质生活支持的同时，一定不能忘记对孩子独立人格的培养，授之以鱼更要授之以渔。认识自己并能勇敢地表达自己，便是我近期与女儿共同成长的一课。

　　女儿刚刚进入初中，我和她都在调整自己的节奏，以便她能在初中阶段继续稳步前进，实现目标。女儿活泼好动，在小学时便一直是各种活动的常客。到了初中，学业压力骤增，她便对我说准备把更多的精力放在学业上。我很欣慰她能明确自己努力的方向和重点。

　　一天，女儿放学回到家，慌慌张张地跑来问我是否同意她练拳击。我认真地告诉她，只要是她自己想好了并决定去做的事情，我都会无条件地支持她。她有点儿犹豫，因为这意味着她每天放学后可能要练一个小时的拳击。我便询问她的时间规划和安排，能否在现有的课业情况下兼顾拳击的训练。她考虑再三，决定还是先去试一试。于是，我接她放学的时间便每天延后了一个小时。

　　几天后，她跟我反馈，她无法兼顾日常学习和拳击训练，想要退出拳击训练，但她不敢跟拳击老师说，希望我能去跟拳击老师交流——以我不同意她训练为由来解决这个问题。我坚定地拒绝了她，并告诉她，她需要勇敢地处理自己的难题，同时，真实地面对自己的需求，诚实地对待他人，这是一个诚实的孩子必不可少的品质。她听后没有说话，走开了。

　　过了几天，我主动问她是否已向拳击老师表明自己的想法，她回复说没有。我猜她是因为不知道如何去跟老师说明情况，她不好意思地点了点头。我拿来纸和笔，让她记下并思考一些问题。

　　（1）你现在是否的确无法兼顾日常学习和拳击训练？

　　（2）如果因为拳击训练影响了日常学习，你是不是会难过？

　　（3）如果拖得越晚，是不是对你的影响越大？

　　（4）老师选中你去参加拳击训练，是不是因为老师欣赏你？

（5）你决定退出拳击训练,老师会不会伤心?

问题写完,她便跟我说:"妈妈,我明天就去跟老师说我不能再参加训练了。"我摸了摸她的头,笑着说:"那你记得也要跟老师说一声谢谢。"

这是生活里的一件小事,但我相信这是她能做自己的一大步,勇敢表达自己,方能真正独立。勇敢表达自己的前提是真实、诚恳,勇敢表达自己的方式是有理有据,勇敢表达自己的方法是能换位思考、理解对方。

从这件小事中,我明白了,家长永远不要贸然对孩子说"不"。哪怕家长明知孩子可能考虑不周,也要学会放手,让孩子勇敢地走自己的路,这样,他们便会拥有尝试新鲜事物的勇气。在孩子求助时,家长要跟他们充分沟通,让他们认识到自己最真实、最重要的需求,并且能够采用合理的路径和方式去满足自己的需求,提高自己解决问题的能力。

我是第一次做母亲,孩子是第一次做女儿,我们有着相同的起跑线,希望我们能共同成长。我愿做孩子的后盾,在她犹豫不决时支持她;我愿做孩子的港湾,在她烦恼忧愁时包容她。除了母亲的身份外,我还想成为孩子的朋友,让她能跟我分享喜悦,分担忧愁;我还想成为孩子的同行者,能和她一起探索未知,互助前行。我爱孩子的方式是鼓励,是沟通,是放手,是让她能够成为一个独立的人。

（松江区车墩学校　叶徽仪家长曾真）

做孩子成长路上的陪伴者

　　女儿出生的那一瞬间，世界好像忽然安静了，看着小小的她躺在我身边，初为人母的幸福感一时涌上心头。都说家长不该缺席孩子的成长过程，我很认同这句话。女儿出生前我就做了很多功课，那时候，我觉得陪伴一个孩子成长并不难，待真正实践后，我才发现那是一条神奇的道路，时而平坦，时而崎岖，有惊喜，有欢笑，也有困惑。我们始终手拉着手，互相帮助，互相鼓励，一起成长。

　　女儿小时候性格腼腆，我希望通过陪伴能稍稍改变她的性格。平时，我们常常在一起聊天。通过聊天，我不仅可以引导她，还能第一时间获悉她内心的想法。我希望自己能和她像朋友一样相处。我们一起阅读，一起参加亲子活动，不会的地方我们一起学习、一起努力。

　　给我印象很深的是她在兴趣爱好方面的选择。最初我希望女儿学跳舞，因为跳舞既可以锻炼身体，又可以满足女孩变美的愿望。但是女儿站在我的面前，仰起头很清楚地对我说"不"。她说："妈妈，我喜欢钢琴。"女儿一向听话，所以当她说"不"的那一瞬间，除了吃惊，我的内心竟还有一些挫败感。

　　我不反对她学音乐，但我觉得孩子的手有些小，钢琴并不是最理想的选择。于是我与她长谈了一次，告诉她我的想法，也给她介绍了一些学钢琴的准备工作，我还与她分享了我学琴的一些经历。我希望她能够对钢琴多了解一些，选择一个更合适的学习内容。她安静地听我说完，轻轻地说了一句："妈妈，我还是想学钢琴。"我说："好，那我们一起努力。"于是，我们像万千学童一样，开始了学琴的漫长旅程。

　　刚开始上课的时候，有一天她回来后很沮丧地告诉我，她记不住那些音符。老师上课的时候教过音符，但由于课后缺少复习，她很快忘记了。我意识到我们的课后巩固做得不够。接下来的几天，每天我都会抽出一些时间，和她一起学习，鼓励她多读、多看、多唱。几天下来，她慢慢熟悉了。她坚持练习，识谱能力逐渐增强，连续两次获得了琴行识谱比赛的第一名。虽然这是很小很小的进步，但对女儿来说却是很大很大的鼓励。

　　现在，我常常会想起她最初学琴的样子。对于女儿眼中那些很大的困难，我一定会多花一点时间,和她一起寻找有效的解决办法,帮助她增强信心。平时,在孩子练琴的间隙,我们不仅会四手联弹,还会找一些相对简单、容易上手的曲子,一边讨论一边学习。女儿很喜欢这样的学习方式,我们把四手联弹当作学音乐的小游戏,给枯燥的练琴过程增加一点乐趣。现在,音乐已经成为我们的一种沟通方式。

两年的时间一晃而过,我很庆幸,我们不仅没有因为练琴而剑拔弩张,还因此多了一个共同爱好,多了一种沟通方式。虽然我最初并不赞成女儿学琴,但我尊重了女儿的选择,我希望她能有一个爱好,一个通过努力能让自己变得更好的爱好。未来,当她觉得疲倦和压力大的时候,她能够弹一首自己喜欢的曲子,那么,学琴的这些日子就是有意义的。

作为家长,我其实一直在平衡工作与陪伴孩子成长,我也有过懈怠甚至是放弃的念头。坚持,对于我这个步入中年的母亲来说是很困难的。可是这些年的陪伴真的让我体会到了很多。现在,每当我想懈怠或放弃时,我都会选择和女儿一起弹一首曲子,我想,女儿的笑脸就是我坚持下去的动力。

现在,女儿已经上一年级了,文化课的学习任务越来越多,学琴养成的坚持和努力的习惯,也影响了她其他方面的学习。她能够主动去预习和复习,学习的态度和习惯都在往好的方向发展。作为家长,我也一直在努力,和她一起适应新的学习生活。

真正的陪伴,是相互的爱与包容,是相互的理解与支持。除了陪伴女儿,有时,我也会悄悄地放手。看着女儿能够独立完成的事情越来越多,我也比过去更加明白陪伴一个孩子成长的意义。

(松江区实验小学　陆薇青家长袁清若)

与女儿聊聊情绪

某天,女儿的情绪不是太好,班级没得到流动红旗,这件事使她心情低落,我看得出来。

晚上临睡前,女儿问我:"妈妈,有一种情绪,让你有点自责,有点愧疚,还有一点愤怒,这种情绪叫什么啊?"我故作不解,问她:"你能举个例子吗?"她说:"我认为我们班表现得很好,但还是没有得到流动红旗,凭什么!"果然是这件事,让她的情绪产生了波动。

我说:"你有这种想法,说明你有集体荣誉感,希望自己的班集体得到认可,不错! 不过,愤怒和自责,可改变不了什么。"

接着,我告诉她:"每个人的心里都住着各种各样的情绪小人,有让你开心、幸福、有安全感的,当然也有让你愤怒、伤心的。当他们来敲门的时候,你可以选择开或者不开。他们如果不敲门,直接冲进来就不好了。你如果不能接纳和控制自己的情绪,就像让你愤怒的小人不敲门直接冲进来一样。"

我问她:"让你开心的小人长什么样呢?"她说:"大眼睛,嘴角上扬,有两个甜甜的酒窝,沐浴在阳光下,咱们家一有好事儿她准来,和我开心地蹦蹦跳跳,爸爸妈妈也喜欢她。""那让你愤怒的小人长什么样呢?""长得丑,脏兮兮的,对我指手画脚、大吼大叫,我很讨厌他,爸爸妈妈也不喜欢他。"

"你愿意见到这位丑陋的小人吗?""当然不愿意!"我建议女儿:"那你就深吸一口气,把他挡在门外吧。你也可以告诉妈妈,妈妈帮你一起赶走他。"她说:"这方法不错啊,我不开门。"女儿情绪稳定后,我们又讨论了怎样可以使班集体变得更好,比如,作为大队委员,女儿可以从自己做起,遇到不当行为及时制止,多和老师沟通,团结、帮助同学。

接着,女儿说:"碰到问题,要先稳定情绪,才可以解决问题。"我回应她:"是的,没错,如果我们沉浸在情绪里,是没办法解决问题的。"最后我抱了抱她,她满足地睡着了……女儿睡着了我却没有,我在想自己究竟想把女儿培养成什么样的人。

不知不觉中,我已经在养育女儿的路上走了将近 10 年。在女儿还小的时候,我总想好好保护她,陪着她,哪怕女儿小磕小碰,我都会难过不已。那时候我觉得,只要女儿健康长大就好。后来,女儿上了幼儿园,梳着小辫子,爱穿裙子,听她说着幼儿园的事,回答着一万个为什么,因为她性格相对内向,又爱哭,那时候我希望她做一个坚强、独立、不被欺负的孩子。再后来,女儿上了小学,学业压力增大,有了新的伙伴,我又希望她学习进步,自律自强。

但在这天晚上,我们聊了这么多,我好像更能理解情绪对孩子的影响了。是的,我希望女儿长成一个内心强大的孩子,能够接纳和排解负面情绪,能够冷静思考解决问题的办法。

最终,还是要她来面对自己的学习和生活,作为一生都需要学习与进步的妈妈,我会更为关注情绪带来的影响。

(松江区九亭第五小学　袁月桐家长崔婷玉)

我们都是第一次

"妈妈,你有时间吗? 我想和你沟通一件事情,听听你的想法。"晚上九点多,女儿完成作业后边伸懒腰边问我。

"有啊,什么事呢?"

"是这样的,今天我在学校的时候……"她开始滔滔不绝地讲述她在学校碰到的事,一天的所见、所闻、所思。

就这样,我们足足聊了 30 多分钟仍意犹未尽。

这样的场景不知道出现了多少次,女儿回家完成作业后的第一件事情,就是要和我诉说"心事"。

进入初中后,对于女儿来说,同学、老师、校园、教室都是陌生的,原本开朗活泼的她显得有些拘谨,成绩不拔尖也让她有些不自信,终于,在一次没有考好的情况下,她爆发了。

那一次,她数学考了 60 分,这是她从来没有考过的低分,回到家,她在自己房间里哭了起来。当时,我也很着急,一方面担心她的成绩跟不上;另一方面更担心她的心理状态。

于是,我先自我冷静了一会儿,给数学老师打了一个电话,了解全班的考试情况。数学老师宽慰我说:"没事的,刚进入初中,很多孩子还没有习惯初中的学习方法,后面会好的。"

我心里有了底,就可以和她好好聊聊了。我走进她的房间,和她面对面,眼神温柔地说:"你是不是因为自己没有考好心里不开心而哭呢? 一次成绩不好不能代表什么。"她边抽泣边摇头,就是不肯说一句话。我说:"没事的,老师都说了这是正常的,老师带过这么多学生,一眼就能看出来。"我伸过手,抱住她:"别怕,妈妈不会骂你也不会说你,我们一起来分析一下没有考好的原因!"就这样,我劝了很久,她才开始往外蹦字:"我——觉得——我——在——班级里——没有好朋友。"渐渐地,她打开了话匣子:"×××和×××本来就是同学,她们一起上学;×××和×××现在成为好朋友了,她们不和我一起玩。"

我恍然大悟,原来最后一根稻草并不是考试没考好,而是刚进入陌生的校园,女儿感到孤单。了解到这个重要信息后，沟通就变得更有方向了。于是，我对她说："没关系，其他同学也和你一样，会觉得孤单，所以，你可以勇敢地和你喜欢的小伙伴交流，然后一起加油努力。妈妈会一直陪着你，你有什么事情要和我说，我们一起想办法解决……其实，换位思考一下，假如你是老师，你也会希望你的学生互相友爱、一起成长，都是坚强的孩子。"她似懂非懂地点了点头，擦干眼泪开始做作业。

和她聊完后，我又给班主任打了个电话，希望她能多给学生创造一些互动的机会，班主任欣然应允。

很多事情我都渐渐淡忘了，只有这件事情虽然过去了很久，我仍然记忆深刻。真的非常感激数学老师的经验分享和班主任的大力支持，使得女儿在后来的学习中不断取得进步。现在，女儿的数学成绩从刚入校时的78分提升到了93分，女儿也有了特别要好的小伙伴。

之后，女儿每次遇到事情，我们都会这样面对面地沟通。

现今社会越来越鼓励孩子全方位发展，孩子自身承受了一定的压力，因此，家长和孩子及时、深入沟通尤为重要。家长需要把握孩子成长过程中的每一个细节，换位思考，通过一次次的沟通碰撞，让孩子具备坚韧不拔的品质，拥有快速学习和解决复杂问题的能力，这些才是让孩子受益一生的财富。

我们都是第一次做家长和孩子，在人生的道路上，让我们一起努力、共同加油，让我们从及时沟通、平等沟通、坦诚沟通、深入沟通开始，创造美好的生活。

（松江区九亭中学　顾婧怡家长顾洁萍）

乘骐骥以驰骋兮，来吾道夫先路

　　孩子就像陀螺，在田野上转，在习题里转，在欢笑中转，在泪水里转，旋转在燃烧着的生命里，在我们逐渐衰老的容颜里。我们只能看着他们渐行渐远。但我们的职责是高举起明灯，引导孩子在正确的道路上，驰骋千里。

　　那么，我们如何做好孩子的引路人？无需朱门绣户，书香门第，如果有，自然是锦上添花。我们只需要用心、用爱，找对方法，真正了解孩子的需求与问题。孩子内向、不善表达是困扰一些家长的问题之一，我的女儿之前亦是如此。接下来，我就说说女儿的蜕变过程。

　　女儿生来就特别内向，不敢跟陌生人交谈，也不爱跟亲戚打招呼。女儿上学后表现得更为明显，上课除了被老师叫起来回答问题，从来不举手，当众说话时特别紧张。银河系不缺明亮的星星，社会也不缺优秀的人。在生活中，人际交往和待人接物非常重要。所以，我非常希望改变女儿过于内向的性格。

　　既然是引导，那就不是拖拽，我得从小事做起。比如，每次带女儿到餐馆吃饭，我都会故意让女儿去拿纸巾、吸管等东西。一开始，她找不到就会原路返回并告诉我没找到，我会让她去问服务员。女儿虽不情愿但还是会去，毕竟这是吃饭需要的东西。再比如，每次外出旅游找不到路的时候，我就让女儿去问经过的路人。一开始，她总是犹犹豫豫的，声音如蚊子般大小，后面，她习惯了就表现得很自然，有时还会主动询问。

　　有时，学校组织个人演讲活动或女儿擅长的领域有比赛，我都会鼓励她参加。女儿基本上是愿意参加的。其实，每个人都希望在自己的舞台上发光发热，很多时候，只是不敢争取罢了。当然，要是女儿实在不愿意，我也不会强求。久而久之，女儿得到了许多证明自己的机会，随之而来的是自信心的增长，之前出现的问题基本迎刃而解。

　　为了让女儿认识到自己的优缺点，而不是单靠他人的指出和引导，我们每隔一段时间就会召开一次家庭会议。家庭会议不必太正式，且参与人员不能太多，最好只有孩子亲近的人，家长也不要给孩子太多的心理压力，重在自然、真实。比如，在我们家，我、孩子爸爸、女儿会谈论自身的优缺点，轮流发言。成长不是独属于孩子的过程,家长也会在教育的过程中提升自己。每个成年人的内心都有一份童真,成年人也会受到孩子的引导,和孩子共同成长。

引导,是相互的;成长,是共同的。女儿上了初中,长大了,我不能凡事都替她做决定了,有些事得靠她自己判断是非,掂量轻重,承担后果。在一些小事上,比如与同学的课外活动,我基本都是询问好时间和地址,就同意她赴约。我也不会看女儿的日记本和作文本,因为这是她的隐私。我相信孩子,也相信自己前期的用心引导。

我很高兴,即使看着她渐行渐远。孩子在人生的道路上旋转,他们不能停下。前路乘骐骥以驰骋兮,来吾道夫先路;后路路漫漫其修远兮,汝将上下而求索。

（松江区民乐学校　李欣儿家长李娟花）

做孩子成长道路上的智慧伴行者

　　"智慧育儿故事"是上海市松江区百余名优秀中小学家长育儿经验的集合。这些生动、鲜活的育儿经验不仅是家长教育家长、家长影响家长、家长帮助家长的好做法，也有助于充分发挥家长间的同伴支持和教育作用，使日常生活中的教育智慧得以整合与深化。书中凝练出了中小学生家庭成员间的互动样貌以及化解家庭教育难题的方法和策略，仔细读来，让人感同身受。回望自己的育儿经历，我深深认同孩子的成长仿佛是一段探险旅程，时而麻烦不断，时而又给你带来喜悦和感动。不得不承认，父母这个角色实属不易，做家长需要学习和被赋能。

　　我个人认为父母是世界上最难的岗位之一。新生命到来后，父母便进入了一场漫长的修炼，一辈子下不了岗。从理性角度来看，育儿无需你忘我全情，你需要活出更精彩的自我，才能看见、尊重孩子，然而实际生活中我们却很难做到"知行合一"。孩子每一天都在成长中蜕变，父母需要随着孩子的生理和心理变化调整育儿方式，如少些控制，多点允许，少些命令，多点协商。可试问，世间存在完美父母吗？答案自然是没有的。假如父母真的以为自己是完美、全能的，那么你就成了自恋的父母。人一旦进入自恋状态便会变得麻木、自以为是和停止成长，更谈不上去发现问题和改善行为。

　　何为智慧？不少人认为，聪明即智慧。其实不然，如果说聪明是一个人的能力，那么智慧就是一个人的境界。心理学家费斯汀格说："生活的 10%，由发生在你身上的事情组成，而另外的 90%，则是由你对发生的事情如何反应所决定的。""智慧育儿故事"的撰写者基本都能做到从大处着想，从小处做起，不包办替代孩子的事情，留出适当空间让孩子自我探索，允许孩子试错……这些个体的生活处事,才是为人父母的真正智慧。

智慧父母不是满分父母,就 100 分精力而言,60 分给到孩子,40 分给到自己。智慧父母应该注重父母的"在场","在场"不仅强调父母的角色,同时要求家长活出自我,是一种坚定、负责任、有边界和充满爱的表现。

湖南有一篇高考满分作文《纸梯》,文章的作者是一名女生,她的父亲很平凡。父亲说:"我不像别的父亲那样有本事,我只是一个纸梯,纸梯什么也做不了。"但这名女生不这么认为,她在文章中细数了和父亲相处时一些难忘的情节,感动无数读者。我以为,倘若父亲是女儿的纸梯,那也一定是一个充满爱的纸梯。就孩子而言,家庭有没有爱、是不是温暖,不以输出方(父母)的评判为标准,而是由接受方(孩子)的感受决定。

对于现实生活中千万普通家庭来说,父母给不了孩子太多物质财富和人脉资源的直达梯,能给的或许只是这样一个略显辛酸的纸梯。但纸梯有爱,有爱就有希望。孩子只要能在爱的力量下成长,哪怕这仅仅是一个薄薄的纸梯,他们也能拾级而上,最终实现生命价值,改变自己的人生。

我欣赏本书故事中积极应对孩子出现问题的父母,他们在孩子凭一己之力难以解决问题时,及时寻找教育方法,与学校同心同向形成教育的合力,建起教育的联盟。我为本书中处于事业上升期、为生活打拼的家长点赞,他们再忙再累也依然重视对孩子的陪伴,抓住孩子一个又一个的教育关键期,引领孩子战胜成长路上的"拦路虎",让家庭成为孩子成长的"安全岛"。感谢松江区未成年人心理健康辅导中心、家庭教育指导中心副主任张贞老师,感谢松江区教育学院家庭教育研训员王银花老师,感谢黄净松、王翠娥、宋润敏、高敏、陈爱君、张玲、孙悦、陆紫嫣、朱章华、沈婷薇等老师,负责书稿的审阅工作。

当我敲下最后一段文字时,内心升腾起深深的感触。每个孩子都是独特的生命体,当今孩子的成长背景和环境,已迥异于其父辈。家庭教育的方法无法穷尽,家长万不可生搬硬套,父母对孩子的爱,永远是家庭教育的指明灯。在此,呼吁广大家长换个视角去看见孩子、接纳孩子,并衷心祝愿本书能成为广大家长陪伴孩子健康成长道路上的一汪清泉和一束明亮的光。

上海市松江区洞泾外国语实验学校校长

图书在版编目（CIP）数据

云间父母家庭教育智慧故事 / 杨立东主编. — 上海：
上海教育出版社，2023.11（2024.6重印）
ISBN 978-7-5720-2255-5

Ⅰ.①云… Ⅱ.①杨… Ⅲ.①家庭教育 – 通俗读物
Ⅳ.①G78-49

中国国家版本馆CIP数据核字(2023)第206069号

责任编辑　杜金丹
封面设计　陈　芸　周　吉

云间父母家庭教育智慧故事
杨立东　主编

出版发行　上海教育出版社有限公司
官　　网　www.seph.com.cn
地　　址　上海市闵行区号景路159弄C座
邮　　编　201101
印　　刷　浙江临安曙光印务有限公司
开　　本　700×1000　1/16　印张 14.75
字　　数　242 千字
版　　次　2023年11月第1版
印　　次　2024年6月第2次印刷
书　　号　ISBN 978-7-5720-2255-5/G·2003
定　　价　56.00 元

如发现质量问题，读者可向本社调换　电话:021-64373213